霸道

马平安 著

新世界出版社
NEW WORLD PRESS

图书在版编目（CIP）数据

霸道：大秦王朝顶级君臣的另类解读 / 马平安著
北京：新世界出版社, 2017.9
ISBN 978-7-5104-6353-2

Ⅰ. ①霸… Ⅱ. ①马… Ⅲ. ①中国历史—研究—秦代
Ⅳ. ①K233.07

中国版本图书馆CIP数据核字(2017)第181539号

霸道

作　　者：马平安
责任编辑：余守斌
责任校对：宣　慧
责任印制：王宝根
出版发行：新世界出版社
社　　址：北京西城区百万庄大街 24 号（100037）
发 行 部：(010) 6899 5968　(010) 6899 8705（传真）
总 编 室：(010) 6899 5424　(010) 6832 6679（传真）
http://www.nwp.cn
http://www.nwp.com.cn
版 权 部：+8610 6899 6306
版权部电子信箱：nwpcd@sina.com
印　　刷：北京中印联印务有限公司
经　　销：新华书店
开　　本：710mm × 1000mm　1/16
字　　数：220 千字　印张：16.25
版　　次：2017 年 9 月第 1 版　2017 年 9 月第 1 次印刷
书　　号：ISBN 978-7-5104-6353-2
定　　价：38.00 元

目录

第一章

秦穆公的霸业

秦穆公身上洋溢着无尽的进取精神。这种活力，很大程度应归功于他的先人们在为了生存而战中所激发出来的坚强毅力和不畏艰难的巨大勇气。经过艰苦卓越的努力，他最终平定西戎，并国十二，为秦国建造了一个强大而坚实的根据地。正是有了这个进可问鼎中原、退可固守关中的富饶地方，才最终使秦人无后顾之忧地一直向东拓展，直至一统天下。

一、千古一诏

公元前627年的春夏之交，秦地的天气突然变得不正常起来。

先是几个月滴雨未下，大地干裂，庄稼草木蔫然没有生机。在这靠天吃饭的年代里，人们干着急却又毫无办法，只有祈求上天降下甘霖来普救生活在苦难中的芸芸众生。

不料，进入四月，天气转阴，大雨连绵，冷风苦雨连月不断，大地又到处水涝成灾。人们瑟瑟地待在家中，苦巴巴地又在祈盼雨天转晴，丝毫感觉不到暮春天气的丝丝暖意。

这一天的傍晚时分，在秦国都城雍的东郊大路上，一大队人马正伫立在雨中，焦急地等待着什么。人马中心的一驾战车上，坐着一位身穿素服的中年长者。

此刻，他的心中正在翻江倒海。

他，就是秦国历史上少有的一位有为的国君——秦穆公任好。

去年冬季，晋文公重耳逝世。12月12日，晋国君臣准备把棺柩停放在晋国宗庙所在地曲沃。刚刚离开都城绛，棺柩里就发出了像牛叫的声音。卜筮之官郭偃请大夫们跪拜并说："已故国君正在发布军事命令：将有西边的军队越境而过，如果袭击他们，一定会取得重大胜利。"

恰在这个时候，秦穆公收到在郑国的内线杞子派人送来的密信，信中说："郑国人让我掌管他们北门的锁钥，如果秘密派军队前来，就可以占领郑国。"

得到这个消息，秦穆公心中有说不出的高兴。

他没有理由不高兴。

多年来，他孜孜努力，一直在寻求东进中原的时机。由于晋国的强大，牢牢地扼制了秦国东进的道路，致使秦穆公的霸业雄心一直受挫，借用现在的话说就是参与“国际性”事务的要求一直没有能够得到满足。

现在，称霸中原各国的霸主晋文公撒手归天了。机不可失，时不再来。只争朝夕的秦穆公焉能放下这个东进中原的机会。

但是，慎重起见，秦穆公还是去询问了上大夫蹇叔，希望能得到他的支持。

这个蹇叔，可不是一般人。据王蘧常在《秦史》记载，他相秦 20 年，谋无不当，举必有功。东伐魏，三置晋国之君，一救荆国之祸。

不料，这一次，蹇叔却给他迎头泼了一瓢冷水。

蹇叔明确地提出了反对意见：“使军队疲劳而去袭击远方的国家，我还从来没有听说过。军队劳苦，精力衰竭，远地的国家（郑国）有了防备，前去只会徒劳无功。劳苦而无所得，士兵一定会产生怒恨、溃散之心。何况，军行千里，其谁不知？”

急于建功立业、参与中原诸侯事务的秦穆公，这一次一反常态，听不进蹇叔的反对意见，一言定策，决意出兵东进。

他下令孟明视、西乞术、白乙丙三帅，率兵东征，千里袭郑。

秦军到达晋国的边邑滑国时，正巧路遇郑国的商人弦高。弦高临危不慌，当机立断，赶忙送秦军 4 张熟牛皮作引见的礼物，然后再送 12 头牛犒劳秦军。弦高告诉秦军三帅：“我国君王听说你们准备行军经过敝国，特让我来犒赏贵国的军队。我们国家不富裕，但为了贵国军队在这里停留，我们还是力争帮助你们解决一天的生活物资。”言语软中带硬。与此同时，弦高又暗地里派人乘驿车火速前往郑国报告军情。郑穆公得知消息后，立即驱逐了秦国在郑国的卧底杞子、逢孙、扬孙等人，加强了戒备。就这样，郑国商人弦高用自己的胆识及行动，成功地粉碎了秦军进攻郑国的图谋。

孟明视等见袭郑计划暴露，顿感进退失据。

千里行军，无功而返，这在秦国的开拓史上是从来没有过的事情。蹇叔的预言不幸变成了现实。

实在不甘心就这样空手而归的秦军，于是顺手牵羊，灭掉晋国的附庸滑国而返。

秦晋两国长期积怨，终于导致了春秋历史上的一次著名的大战——崤之战。

晋国统帅先轸已经按照“晋文公死后的吩咐”，早早地在崤山布下了口袋阵。

结果可想而知，秦军在崤山之战中全军覆没，孟明视、西乞术、白乙丙三帅被俘，秦国遭到了多年未遇的揪心挫败。

严酷的事实，让急于在秦国发展战略上实行大跃进的秦穆公冷静了下来，终于认识到了自己的冒进给国家带来了巨大灾难。

多亏的是，晋文公的遗孀文嬴不忘故国，深深知道自己父王——秦穆公的雄图远志，在她的一再劝说下，晋襄公将三位秦军统帅释放回国……

此时此刻，天上的雨越下越大，天色也早早暗了下来。雨中的人们已经又累又冷。

前方，终于传来了马蹄在泥水中行进的声音。孟明视、西乞术、白乙丙转眼来到人们的面前。

他们又愧又累，心中忐忑不安。抬头一看，不觉心中一热。他们发现，大雨中，秦穆公竟然站在他们的面前，亲自前来迎接他们。

三帅赶紧向前跪倒大哭，请求国君降令治罪。

秦穆公上前扶他们起来，向着这些逃奔回来的将士严肃地说：

“我没有采纳蹇叔的意见，使你们几位受到了侮辱，这是我的罪过。孟明视等人，职务照旧。这次失败是我的过错，你们三位有什么罪过？吾不以一眚掩大德。”(《左传·秦晋崤之战》)

一时间，众人齐哭，泪雨滂沱。

四年后，经过卧薪尝胆，秦军东出报晋，大胜。在崤山，秦军收敛四年前阵亡将士的尸骨，哭声一片。秦穆公素服，亲自沥酒，发誓汲取血的教训，并当众发表了名载史册的著名讲话——见《尚书》中的《秦誓》：

公曰：“嗟！我士，听无哗！予誓告汝群言之首。古人有言曰：‘民讫自若，是多盘。’责人斯无难，惟受责俾如流，是惟艰哉！我心之忧，日月逾迈，若弗云来。惟古之谋人，则曰未就予忌；惟今之谋人，姑将以为亲。虽则云然，尚猷询兹黄发，则罔所愆。

“番番良士，旅力既愆，我尚有之；仡仡勇夫，射御不违，我尚不欲。惟截截善谝言，俾君子易辞，我皇多有之！

“昧昧我思之，如有一介臣，断断猗无他技，其心休休焉，其如有容。人之有技，若己有之。人之彦圣，其心好之，不啻若自其口出。是能容之，以保我子孙黎民，亦职有利哉！

“人之有技，冒嫉以恶之；人之彦圣而违之，俾不达是不能容，以不能保我子孙黎民，亦曰殆哉！

“邦之杌陧，曰由一人；邦之荣怀，亦尚一人之庆。”

在这篇著名的誓言中，秦穆公说：

“我的臣民们！你们安静下来，听着！我要告诉你们很重要的话。

“古人有言：‘人如果总顺着自己的性子去处理事情，就会多出差错。’责备别人并不难，而接受别人的责备，听从它就像流水一样畅快，做到这一点其实很难啊！我心中的忧愁就在于：时间一天天消失，一切都再也不会回来了。

“过去，我找别人商量国家大事，却又说‘你不顺从我的心意，我就会忌恨你’，今后我找别人商量，我将把他们当作亲人。虽然这样，我还应向白发老臣们请教，这样才会减少过失。

“过去，对于体力已经衰弱的白发介臣，我还能够亲近他们，对于那些仅仅是射箭和驾车都不错的勇夫，我还能做到不太喜欢他们。可是对于那些能让君子产生疑惑的能言善辩之辈，我却太亲近他们了！

“我暗暗地思量道：如果有这样一个大臣，他没有别的才能，但他能诚实专一，他心胸宽广，能够容纳别人。别人有本领就像自己的一样；别人有才有德，他内心就喜欢这个人，并且喜欢的程度超过了他口头的表达。这种人我能容纳他，因为他能保护我的子孙和众民，他对我们来说是有利的！

“对于别人有本领，他就嫉恨得不得了，对于别人有才有德，他就阻挠，使其长处不为君王所知。对于这种人，我绝不能容纳，因为他不能保护我的子孙和众民，他对我们来说是危险的！

“国家的动荡不安，往往由一人造成；国家的繁荣安定，也往往由于一人的善庆而成。”

这篇罪己诏式的讲话一毕，大队人马立刻欢声雷动。

秦穆公那深刻的自责、深沉的感悟，深深地感动了三军上下。秦国军民无不庆幸，庆幸国家能有这样一位贤明的君主。

坏事转变成好事，失败是成功之母。这些常理在秦穆公霸业得到了充分的验证。

二、先人的召唤

秦穆公身上洋溢着无尽的进取精神。这种活力，很大程度应归功于他的先人们在为了生存而战中所激发出来的坚强毅力和不畏艰难的巨大勇气。

据《史记》记载，秦人一开始就自认为是黄帝的后裔。

大家知道，黄帝是中华民族的人文始祖。传说，在英雄时代，黄帝战败炎帝，擒杀蚩尤，统一华夏，威服四方，号为天子。

黄帝之妻嫘祖生二子。一个叫玄嚣，一个叫昌意。昌意之子号高阳氏。黄帝死后，高阳立，就是五帝之一的颛顼。后来，秦国历代国君皆奉颛顼为祖先。这就是说，嬴姓秦人一开始就以黄帝后代自居，心中充满了本民族是天之骄子的自豪感。

夏朝初年，秦人先祖大费因为与启争天下受挫，率族东迁。

夏朝末年，大费的后代费昌脱离夏桀，投奔商族，参加了商汤发动的推翻夏朝的战争。

商朝时期，嬴姓氏族代代为商王室做事，社会地位很高。在这个时期，秦族中出了几位驾车高手，“遂世有功，以佐殷国，故嬴姓多显，遂为诸侯”。

商亡之后，在东方，商纣王的儿子武庚做了最后一次的复国努力。据说，嬴姓氏族是这次叛乱的主力之一。

武庚叛乱平定后，嬴姓氏族被周王室定为战犯与奴隶。

为了自身的生存，嬴姓氏族不得不对周王朝表示顺从和屈服，但是，当时周王室并未给他们以真正的信任。本着“卧榻之旁岂容他人酣睡”的原则，周公将嬴姓氏族驱逐到遥远的西方边陲之地。

在周穆王时期，嬴姓氏族的首领叫造父，他有一手高超的驾车本领。

在周穆王西游时，诸侯徐偃王乘机作乱。得到消息后，造父驾车日行千里，将周穆王安全地送回周土，从而使叛乱得以很快地平定。由于造父平乱有功，周穆王就“以赵城封造父，造父族由此为赵氏”。

在此前后，嬴姓氏族中的另一支大骆则率领自己的族人西迁犬丘。

到大骆儿子非子时代，西迁的嬴姓氏族又一分为二，一支留驻犬丘；另一支进一步西迁到今日的甘肃境内。

司马迁说：“非子居犬丘，好马及畜，善养息亡。犬丘人言之周孝王，孝王召使主马汧渭之间，马大蕃息。”（《史记·秦本纪》）

由于为周孝王养马有功，非子被周孝王封为附庸，封于秦地。

周孝王说：“昔柏翳为舜主畜，畜多息，故有土，赐姓嬴。今其后世亦为朕息马，朕其分土为附庸。邑之秦，使复续嬴氏祀，号曰秦嬴。”

至此，嬴姓氏族才真正称为秦人，秦人也从此开始有了明确的纪年。

这个秦地，据历史考证，大约在今天的甘肃天水、清水一带。

当时的秦地，处在周王朝的西部边陲之外，荒凉、空旷，是一片莽莽荒原，渺无人烟，虎狼出没。在这个地区，有一些少数民族的部落，其中比较强大的有戎、狄等部落。

在这个时期，分布在西北地区的戎狄部落正处在富于攻击性、掠夺性的发展阶段。在时机适当、力量强大时，他们不断地侵略秦人的土地，掠夺秦人的财物与人口，甚至侵入西周境内掠夺财物和人口。实际上，周天子封给秦人的土地，是一个周王室鞭长莫及、充满危险与不安定因素的地方。这样看来，周孝王的所谓分封之举，实际上是一件惠而不费的事情，给秦人的其实只不过是一个合法居留的名义。

由此不难看出，秦人尽管数世效忠于周王室，但周人在骨子里却没有真正把秦人视为自己人。所谓分封于秦，实际上不过是一个口头上的惠举。你有能力，你就开疆拓土；你没能力，你就自生自灭。但是，即使这样，这一分封对于秦人来说却不是可有可无，而是有着非同寻常的意义。

1. 分封举动使秦人摆脱了戎人的身份，使他们与西陲边境的其他戎狄民族从此区别开来，正式成为周王室的一名家庭成员。

2. 这一特殊的身份给秦人心理带来了巨大的影响，使秦人在与周围戎狄民族的争战中产生了名分感、优越感、归属感和自豪感。

3. 由于附庸毕竟不是正式的诸侯，它也激发了秦人想进一步成为正式封国，屹立于列国诸侯之林的更大愿望，进一步激活了秦人的生存与发展的潜力。

周孝王本来给秦人开的是一张空头支票，但后来事态的变化与发展显然超出了他的意料。在这一空头支票的驱动下，秦人产生了前所未有的拓疆能力。他们不仅在西方拓荒中要建立自己幸福的家园，更是要在这一民族自豪感的驱动下，用自己的力量把这一空头支票，真正地兑换成现实利益。

从非子得封秦地开始，到他的玄孙秦仲时，秦人的政治地位在自己的不断拼博中进一步得到提升。

周厉王暴虐贪婪，民怨载道。戎狄部落乘机侵入周人的边境，留居犬丘的那支秦族，誓死忠于周王室，整个部族在与西戎的战争中全部被消灭。

周宣王即位后，为了反击西戎，立即任命秦仲为“大夫”，让秦人去为周王室继续诛灭强悍的西戎。秦仲率领部族，与戎人拼死作战 23 年，最后死在伐戎的战场上。

秦仲的效忠行为深深地感动了周宣王。周宣王亲自召见了包括秦庄公在内的秦仲的五个儿子，并且交给他们 7000 兵马，命他们继续征伐西戎，为先人复仇。秦氏兄弟五人同仇敌忾，大破西戎军队，夺回了被戎族占领的犬丘故地。周宣王非常高兴，就将犬丘赏赐给庄公，并且封他为西垂大夫，命其镇守边疆，继续讨伐西戎。从此以后，秦人便拥有了甘肃的秦地和陕西的犬丘两块封地。秦人用在战火中的实际行动证明，他们已经成为保障西周王朝西线安全的重要屏障。

秦庄公死后，其首领的位置传给了次子襄公。

这时，周王朝正是周幽王在位。

周幽王荒淫无道，不理朝政，终日宠幸美人褒姒，重用奸臣虢石父，还多次烽火戏诸侯。他违背立嫡立长的国家继承权法则，废黜皇后申后及太子宜臼，终于酿成亡国大祸。

公元前 771 年，申侯联合缯国、犬戎、西夷，共同进兵镐京。幽王以烽火报警，而诸侯救兵不至。结果，犬戎攻破镐京，斩杀幽王，灭亡西周。

经过诸侯之间的一番政治较量，太子宜臼即位，是为平王。公元前 770 年，周王室被迫东迁洛邑，史称东周。

据《史记》记载，申侯有引狼入室的本事，却没有驱赶野狼的能力。在无奈的情况下，他只得密书各路诸侯起兵“勤王”。秦襄公在申侯号召下率兵救周，“战甚力，有功”，与其他诸侯一起驱逐了盘踞镐京不走的犬戎军队；在平王东迁时，秦襄公又不惮麻烦，率兵亲自护送。

在秦襄公的努力下，“平王封襄公为诸侯，赐之岐以西之地”。他宣布：

“戎无道，侵夺我岐、丰之地，秦能攻逐戎，即有其地。”

“与誓，封爵之。襄公于是始国，与诸侯通使聘享之礼，乃用骝驹、黄牛、羝羊各三，祠上帝西畤。”

在东、西周变化的重大关头，秦襄公由于应对合理，使秦人获得了重大政治利益，进而使秦人走上了当时的“国际政治舞台”。

1. 通过分封，秦国获得了正式的建国名分，这是多年来数代秦人梦寐以求的事情。虽然这次周平王分封与上次周孝王封非子为附庸一样，仍然是一张空头支票，并没有任何眼前马上到手的实际利益。因为这一方土地名义上是周王的领土，但实际上已经落入戎人的手中，周王室凭借自己的力量根本无法收回。所以，周平王在封赐之时才明确声明：我把那片领土的经营权交给你了，你若能把入侵的犬戎赶走，它就归你了。周平王这样做有他自己的如意算盘：西周灭亡后，犬戎势力壮大，周王室一时也没有力量能够收复失地。与其让这片祖宗王业兴起之地白白落入犬戎之手，还不如开一张空头支票送予世代与犬戎斗争中显示出顽强战斗能力的秦部落。这样一来就是等于向世界宣布，西岐之地虽然现在为侵略者占有，但我们不承认其事实，我们还要发动力量，一定要收复失地，从而给自己找了一个可下的台阶。二来自己刚刚东迁落户洛邑，一时也拿不出东西来奖赏秦襄公的护驾之功，这种不给实惠给政策的做法，也算是对秦襄公一片忠心的一点酬劳吧。三来又把秦人推到了抗击戎人的第一线，让他们去为周王室保卫西部的边疆，成为防止戎狄东进的樊篱。

不过，后世的人们，千万不要小看了周平王这一只给政策不给实际支持的举动。寻根溯源，后来秦始皇统一天下的资本，恰恰就得益于这一只给政策的举动。它使嬴秦不仅获得了据有西岐的合法性，而且获得了在更大范围内讨伐西戎，夺得其土地的合理性。

在春秋时期，秦国是最先打着“尊王攘夷”的旗帜，不断拓疆开土的国家，也是从夷狄手中夺取土地最多的国家。在当时，土地与臣民是立国之本，是一个政治实体最重要的政治资源。这次封赏的重大政治意义之一就是秦国从政策上合法地获得了西岐这一“王业之基”。

通过这次封赏，秦国由附庸地位合法地上升为诸侯国。成为当时各国公认的相对独立的国家实体，拥有了独立统治自己封国、臣民等各种名义上的和实际上的相应权力。这标志着嬴秦国家地位的正式确立。

2. 秦国列国为诸侯，从此结束了受人鄙视的附庸地位，获得了以诸侯名分与中原各诸侯国在外交上的平等资格与权利，等于加入了“联合国”，拥有了关心国际事务的资格与权利。

3. 通过这次封赏，秦国成为了华夏王权在西部边陲地区的合法代表人。其重要意义在于把平王东迁时没有来得及迁走的周之余民理所当然地号召到了自己的帐下。周人先进的文明迅速使秦人由半畜牧状态向全面定居的农业经济转变，大大促进了秦国早期社会经济的发展。

此后，秦襄公大力整顿秦国力量，积极准备伐戎。

襄公十二年，秦军大举伐戎，从根据地西垂一直打到岐下，横扫千军，取得了对戎人战争的决定性胜利，把当年周平王口头封赏给自己的土地变为了实有。

继襄公而起的秦文公，也是一位有为的君主，他在位 50 年，带领秦国取得了更大的发展。

以后，秦国经历了宁公、武公、德公、宣公、成公等几位国君的经营，不断西取东进、开疆拓土，到秦穆公时，秦国终于等到了跻身于强国之列的时机。

秦穆公继位时，已经 30 余岁，正值壮年鼎盛之时。赖祖宗与父兄先前铺垫的基础，他在国内的统治地位已经相当稳固。他为人强悍勇武、胸襟开阔、耿直诚恳、志向高大。列祖列宗们开辟臻莽的事业、西进运动的艰难历史，都使他立志效法祖宗的创业精神，希望在父兄开创的基础上，使秦国的国势达到一个新的高峰。

秦穆公就这样从前人手中接过了开疆拓土的接力棒。

三、任贤用能

秦穆公继位后，继承着祖先开拓宏业的传统，决心与列国一争雌雄。

但是，环顾四野，严酷的现实是：

1. 秦的建国始于平王东迁，与当时的大国齐、鲁、晋等国相比，秦的历史比人家短了整整一个西周的时代，已经落后了400余年。

2. 秦处西陲，小国僻远，各诸侯国把它鄙视为夷狄。长期处在中原文化圈的外围，中原人士一般都不太愿意前往，因而人才显得格外奇缺。

3. 严酷恶劣的生存环境，把秦人培养成为了一个敢于在疆场上任意驰骋、勇往直前的民族，但文化、文明程度则远逊东方各国。马上得之，不能马上治之。寻找富于远大目标的策划人才显得十分的迫切。

4. 秦虽然立国，与东方各国平起平坐，但东方诸国对秦始终抱有偏见，打心眼里瞧不起这个西方边境的所谓的“蛮夷之邦”。他们采取排斥、贬低的态度来对待秦国，这使秦人在长期同戎狄的斗争中建立起来的自信受到了严重的打击。为了超越这种自卑，秦穆公更增添了以通过奋斗来显示自己实力的愿望。你们不是瞧不起我这个落后之邦吗？好吧，我要以实际行动让你们认识到你们的这一举动是多么的错误、多么的荒谬。各国卑秦使秦人产生的巨大的逆反心理，是秦穆公登基以后急于招揽人才、大举图兴的一个重要因素。

春秋时期，秦穆公的霸业，多赖于下列几个人的辅佐与支持。

1. 公孙枝——公孙枝，字子桑，岐人。年少时游宦于晋，秦穆公闻其贤，乃求至秦。公孙枝入秦后，秦穆公以之为师，不离左右，言听计从，在秦国与晋国外交事务的决策上发挥了无可替代的作用。据《吕氏春秋·慎人》记载，公孙枝奉秦穆公之命以五张羊皮从楚人手中将百里奚赎回时，发现百里奚是一个王佐之才。于是，他不仅郑重地将百里奚推荐给秦穆公，要求秦穆公重用之，而且还将自己的上卿位置主动让给百里奚，甘居其次。公孙枝主动让贤这件事对秦穆公触动很大。在此后的年代里，秦穆公念念不忘此事并以此来醒戒自己与秦国官员们的行为规范。

2. 百里奚——百里奚，虞人，事虞公。晋灭虞时，他成为战俘。后来，晋献公嫁女给秦穆公做夫人时，迫他去做陪嫁，他感到莫大的耻辱，出走逃亡宛地，偏又时运不佳被楚国百姓抓个正着，被迫替他们从事放牧的生计。秦穆公发现少了一名陪嫁，又听说他是一名有才德的老者，现在正流落在楚国乡间为奴，于是就派公孙枝拿了五张羊皮将他赎了回来。百里奚到秦后，与秦穆公座谈三日。王蘧常在《秦史》中写道："语三日，公大悦，授之政，且以为师。号曰'五羖大夫'。"这个时候，百里奚已经是 70 多岁的老人了。秦孝公时，秦人赵良曾经这样形容过秦穆公对百里奚的信任与重用，说他是："举之牛口之下，而加之百姓之上，秦国莫敢望焉。"（《史记·商君列传》）秦穆公爱才、识才、用才，由此可见。

3. 蹇叔——蹇叔，原本是宋国人，早年流落齐国，不为齐君所用，遂在齐国一个小部落中做了个酋长。百里奚中年时曾到齐国，因无人引荐而流落街头，盘缠用光后做了讨饭的乞丐。后来，二人相遇，经交谈后相见恨晚，遂为至友，后经蹇叔托人举荐，百里奚得以在虞国被拜为中大夫。蹇叔对百里奚说："虞君眼光短浅，只见眼前小利，并且刚愎自用，并非有为之主，我打算隐居在宋国的鸣鹿村，他日有事可来找我。"百里奚到秦国后，便强烈地向秦穆公推荐了蹇叔。

据《史记》记载，百里奚说："臣不及臣友蹇叔，蹇叔贤而世莫知。臣常游困于齐而乞食铚人，蹇叔收臣。臣因而欲事齐君无知，蹇叔止臣，臣得脱齐难，遂之周。周王子穨好牛，臣以养牛干之。及穨欲用臣，蹇叔止臣，臣去，得不诛。事虞君，蹇叔止臣。臣知虞君不用臣，臣诚私利禄爵，且留。再用其言，得脱；一不用，及虞君难，是以知其贤。”

于是，秦穆公使人厚币迎蹇叔，用为上大夫。

4. 由余——由余的先人是晋人，因家族关系会说晋语，是当时一个地地道道的“中国通”。由余逃亡入戎后被戎王所用。后来，“戎王闻穆公贤，使余观秦。”秦穆公不过跟他见过一面，谈过一席话，就看出了他是一个非凡的人才。于是，秦穆公开始动心眼儿想方设法地笼络由余。最后，秦穆公甚至不惜手段，采用内史廖的计策，用反间计迫使由余弃戎归秦。秦穆公亲自出迎，拜由余为上卿。

5. 丕豹——丕豹是晋国大臣丕郑之子。晋惠公为丕郑等大臣所立。晋惠公继位不久，杀丕郑。丕豹乃出奔秦国，并仕于秦。秦穆公白白得了一大帮手，其欢喜之情，不言而喻。丕豹是晋国大臣，深深地了解晋国情况。秦穆公要想在东进的道路上打开一个缺口，就不能不在晋国问题上多打主意，丕豹用于秦，正合了穆公的心意。司马迁在《史记》上说，秦穆公在对晋国政策上，“阴用豹”，这是合乎历史事实的。

6. 孟明视、西乞术、白乙丙——孟明视、西乞术、白乙丙三人分别是百里奚、蹇叔之子。王蘧常在其所撰的《秦史》一书中认为，孟明视“知人”、西乞术“赡辞”，“皆不愧其父，岂仅知兵而已哉！”三帅皆得到秦穆公的信任与重用。他们帮助秦穆公在“增修国政，重施于民”，三次伐晋，出使鲁国等内政外交方面取得了重大的成绩，可以算得上秦国自百里奚、蹇叔之后的外籍领袖集团的第二代人物。

以上八人，都不是秦国人，但是，为了霸业的需要，秦穆公只要闻其贤，就不惜一切代价将他们罗致到秦，不计出身、国籍、年龄，一概破格重用。这是秦穆公能够终于称霸西戎、东进中原、声震寰宇的重要秘诀之一。

六国统一前夕，秦国卿士李斯在他有名的《谏逐客书》中这样写道：

“昔穆公求士，西取由余于戎，东得百里奚于宛，迎蹇叔于宋，求丕豹、公孙枝于晋。此五子者，不产于秦，而穆公用之，并国十二，遂霸西戎。”

李斯的见解真可谓一针见血。

在上述八子之中，公孙枝、丕豹用在对付晋国上面，由余用在吞并西戎诸国上面，孟明视、西乞术、白乙丙主要用在军事指挥上面，而百里奚、蹇叔二人给秦国的是全盘规划、有系统、有步骤的全面发展战略。这些人才的充分利用，是秦穆公能够成为春秋五霸之一的一个重要因素。

据《史记》记载：

1. 秦穆公请教百里奚：“我们秦国僻居西方的岐雍间，不能参与中原的会盟，请您教导我该怎么做，才不致落后于中原诸国？”

百里奚回答：“其实，岐雍之地地势险要，是周王朝建国的发源地，如今周王室不能守而送给了秦国，这是个非常了不起的礼物啊！处在戎狄的威胁下，可以使秦国永远保持强大的军事战斗力；不能参与中原的会盟，正可使我们不必分神，全心全力建设国家。西戎地区，总共不过10余国，各自独立、组织松懈，很容易并吞它们。最重要的是如何开发这些土地，以提升秦国的综合实力。如何组织这些人民，以加强我们的武装力量，这种有利条件是其他诸侯国所没有的。我建议主公应先好好地经营这块地方，服从我们的，以德抚之；不服我们的，以力征之。完全掌握这块西陲之地后，再利用其进可攻、退可守的土地向东方中原地区发展，一有机会，便可发动攻势，东进中原，则霸业可成。”

百里奚的这种战略为秦穆公先西后东、先内后外的发展指明了方向，深得穆公赞许。以后秦国数百年发展的方向基本上没有超出这个规划的范围。

2. 秦穆公请教蹇叔：“百里奚非常推重先生的才能，请问先生对我秦国未来的霸业有何赐教之处？”

蹇叔回答："秦国僻居西土，和戎狄为邻，地势险要，军队强盛，进可以战，退可以守，条件比别人好，但却无法跻于中原大国之列，这是因为威德不及的缘故啊！没有威势，别国自然不怕；没有恩德，别国自然也不服。既不怕又不服，自然就成就不了霸业。"

秦穆公问："威与德哪一个应当排在首位？"

蹇叔回答："德为本，威济之。德而不威，其国外削；威而不德，其民内溃。"

秦穆公又问："寡人欲布德而立威，何道而可？"

蹇叔回答："秦杂戎俗，民鲜礼教，等威不辨，贵贱不明，臣请为君先教化而后刑罚。教化既行，民既尊敬其上，然后恩施而知感，刑用而知惧，上下之间，如手足头目之相为。管夷吾节制之师，所以号令天下而无敌也。"

秦穆公问："有了威德，便可以称霸天下吗？"

蹇叔回答："没有那么简单。想称霸天下的雄主必须有三戒：毋贪、毋忿、毋急。贪则多失，忿则多难，急则多蹶。对目标的大小早有规划，便不必贪；衡量自己和别人的力量再行动，就不会有气急败坏的灾难；一切有计划，轻重缓急分得清楚，就不会急功近利，造成缺失。主公若能有此三戒，便有资格争霸天下了。"

秦穆公说："您说得很好。请先生先为寡人指明眼下就应当做的事情。"

蹇叔回答："秦国立国西戎，这是主公的祸福之本。现在齐桓公年纪已老，霸业将衰。主公应当用心安抚雍渭民众，并号召诸戎。不服者，讨之。诸戎既服，然后再敛兵以俟中原之变，在齐国霸业的基础上，广布德义。届时，主公即使不欲称霸，形势也不允许你这样做了！"

从上面的君臣问答中可以看出，蹇叔的建策其实与百里奚如出一辙，是对百里奚提出的战略方策的进一步深化。如果说，百里奚从纵向上为秦穆公全面地规划了称霸西戎、参与中原大国事务的蓝图的话，那么，蹇叔则是从横向上规劝秦穆公戒贪、戒忿、戒急，饭要一口口地吃，路要一步步地走，要秦穆公脚踏实地，一步步去具体落实百里奚制定出的西取东进的战略目标。

百里奚与蹇叔，一左一右，为秦穆公规划出了百年宏图，为秦国的霸业撑起了腾飞的双翼。难怪乎秦穆公听了他们的建策后高兴地说："我得到的两位先生，真是秦国最好的长老了。"

四、东进与西取

今天看来，秦穆公毕生的功业，应当说最集中地表现在他率领秦军东进中原与独霸西戎的军事行动上面。

百里奚、蹇叔虽然为秦穆公规划了先整顿好内部再东图中原大业、先吞并卧榻之旁的西戎诸国，然后再向东挺进的战略，但400余年来秦人一直受到东方各诸侯国的轻视而产生的急于表现自己的心理一直困挠着秦穆公。虽然蹇叔反复提醒他"戒贪、戒忿、戒急"，踏踏实实地先增强秦国的综合国力，但秦穆公认为，"一万年太久"，他要在有生之年"只争朝夕"。因此，秦穆公时期，秦国的跃进战略实际是先东后西，先急于让东方列强真正承认自己能力，而后再整顿扩大自己内部版图实力的一套思路。

秦穆公在位前期，正值晋献公执掌晋国政权。

当时，晋正处在强盛势头，先后吞并耿、霍、魏、虢、虞等一批小国，版图急剧地扩大。地理位置上，虢据崤函，虞扼茅津，正好挡住了秦国东出之要道。晋国占了先机，秦国毫无办法。为了称霸中原，参与"国际事务"，秦穆公转而施展军事、外交双管齐下之手段，以和晋为主的方式与强晋相周旋，以等待时机，向东挺进。

秦穆公的成就主要表现在：

（一）秦晋联姻

公元前659年，秦穆公即位伊始，就立即率兵东进，进攻茅津之戎，取得了初战告捷的成果，将秦国的势力范围由西向东推进到黄河一带。但继续东进则为晋所扼，不得已，秦穆公班师回国，然后向晋国求取婚姻。公元前655年，秦晋联姻，秦穆公迎娶晋献公的女儿为夫人。今天，我们将新婚夫妻称为缔结秦晋之好，历史渊源即在于此。

秦穆公娶得晋献公的女儿，对于秦国具有重大的象征意义。晋国在当时为东方一个大国，秦晋联姻，标志着秦国与晋国一样，具有了大国的身份，在名分上进入了中原诸国的行列。

（二）三定晋乱，三立晋君

公元前651年，晋献公死。晋献公生前宠爱骊姬，听信骊姬谗言，逼死太子申生，赶走公子夷吾、重耳，欲立骊姬之子奚齐为君，导致晋国在他死后立即大乱。

晋献公刚死，晋国大臣里克、丕郑便接连两弑幼主——奚齐、卓子，并杀死了骊姬与晋献公的托孤大夫荀息。

晋国在相互残杀中暂时变成了无君之国。鹬蚌相争，渔人得利。插手晋国事务的最佳时机终于到来。

恰在这个时候，秦穆公做了一个好梦。司马迁说：“秦穆公立，病卧五日不寤；寤，乃言梦见上帝，上帝命穆公平晋乱。史书而记藏之府。”（《史记·封禅书》）

梦自然是虚假的，但梦境却正是秦穆公内心的真实映照。

秦穆公召集群臣商议，秦国究竟应该帮助谁成为晋国的新君。

一个中原大国的君主竟然要由秦国宫廷来议定，这个事实本身已经雄辩地说明：昔日被人瞧不起的秦国，如今已经能够跻身于春秋时期为数不多的几个强国之列了！

邻国之弱，正是秦国之利。秦穆公最终接纳了公孙枝、百里奚的弱晋的建议，决定帮助不成器的公子夷吾，以便使秦国能够在晋国的内乱中浑水摸鱼。

逃亡在外的晋国公子夷吾也乘机以“割晋之河西八城与秦”为条件，许诺秦穆公“苟假君之宠，入主社稷，惟是河外西城，所以便君之东游者，东尽虢地，南及华山，内以解梁为界，愿入之于君，以报君德于万一”，请求秦国协助他夺取晋国君位。于是，秦穆公命令百里奚护送夷吾回国即位，是为晋惠公。这是秦国一定晋乱，一立晋君。

晋惠公继位后，立即失信毁弃前约，拒绝兑现当初答应秦穆公的割河西八地给秦国的条件。秦穆公基于对形势的判断，压制心中的怒火，没有立即发兵讨伐。

公元前 647 年，晋国国内大荒，仓廪空虚，民间绝食。晋惠公向秦国乞粮。秦穆公采纳百里奚、蹇叔的意见，输粟于晋，救济灾荒。秦穆公大度地认为：“负我者，晋君也。饥者，晋民也。吾不忍以君故，迁祸于民。”于是运粟万斛于渭水，直达河、汾、雍、绛之间，舳舻相接，命曰“泛舟之役”，以救晋国饥荒。

第二年冬，秦国年荒，晋反大熟，秦穆公请粮于晋。晋惠公不仅不卖给秦国粮食，反而乘机兴兵伐秦。秦穆公于是亲率三军，与晋惠公在韩原展开大战。这一战，秦军大获全胜，晋惠公被俘，史称“韩原大战”。

三个月后，晋惠公被迫献其河西之地，并把太子子圉质押秦国。晋惠公得以获释回国。秦穆公立即在河西设置政权机构，秦国的东边国境首次到达黄河边上。

几年后，晋惠公死，此前从秦国逃回晋国的子圉立为国君，是为晋怀公。

为了达到控制晋国的目的，秦穆公借子圉逃跑为由，把晋公子重耳迎接到秦国。公元前636年，秦穆公亲自统兵护送重耳返回晋国，夺取君位，杀死子圉，重耳即为晋文公。这是秦国二定晋乱，二立晋君。

晋文公当国后不久，惠公、怀公时的重臣吕省、郤芮蓄谋发动兵变，焚烧公宫，欲杀害晋文公。晋文公得到消息后，再次潜走秦国。赖秦穆公之力再次平乱，除掉吕省、郤芮，又送晋文公回国。这是秦国三平晋乱，三立晋君。

秦穆公时期，晋国国内大乱，齐、楚等国都想趁机打劫一把，但却被秦穆公审时度势，走在了各国的前面。通过三平晋乱，三立晋君，秦国不但将领土向东扩展到了黄河边上，而且在外交上纵横捭阖，彻底走上了当时的“国际大舞台”，这部分地满足了秦穆公的称雄之心，也进一步提高了秦国的政治地位与秦人的自信心。

（三）灭梁

梁国是邻近秦国的一个东方小国。长期以来，晋、梁同盟，对付秦国。公元前637年，梁君无道，大兴土木，引起民怨，秦穆公乘晋惠公病重不能视朝、晋国无力出援、梁国民心浮动的时机，命百里奚率军袭梁，一举灭掉梁国，吞并了东方又一块宝地。

（四）千里袭郑，兵败崤山

晋文公主政晋国后，由于多年流浪在外，他积累了丰富的政治、外交经验与人脉关系，很快就使晋国由乱变治，而且伐卫、破曹、败楚、会盟诸侯，最终成就了霸业。秦穆公本欲弱晋、图晋，不防晋国在晋文公的统治下却日益强大起来，于是，他逐步改变策略，转而采取联晋的方针，在外交上紧紧追随晋国。他协助晋国平定周王室的内乱，又与晋国联手制楚，倒是出尽了风头，使秦国在东方各国中建立了大国实力的名声。但是，得陇望蜀是人之常情。秦穆公此时已不以此为喜为功，他要进一步东进扩展自己的领土，进一步加强在东方大国国际舞台上的地位，要建立自己的霸业，而不是追随晋文公之后，为他人做嫁衣裳，空讨一个美滋滋的虚名而已。

多少年前，秦穆公曾经后悔不该帮助夷吾；当晋国在重耳治理下很快强盛起来的时候，他是否又后悔两次帮助了这个对手了呢？

不管怎么说，终晋文公之世，秦晋两国关系总的说来还是比较友好的。晋文公一死，秦国就立刻尝到了晋国抛出的苦果，而且还是一个很大的苦果。

公元前 628 年，晋文公病死。秦穆公认为自己进一步东进的时机已到，公元前 627 年，秦穆公为东出中原争霸的野心所驱使，不顾蹇叔、百里奚等人的苦苦劝告，派遣孟明视、白乙丙、西乞术三将率兵偷越晋国，千里袭郑。计划流产后，又攻灭晋的边邑滑国。终于，秦晋反目，发生崤山大战，秦国落了个全军覆没、三将被俘的糟糕下场。

公元前 625 年，秦军伐晋，欲报崤山之仇，结果再次败北。这年冬，晋国纠合宋、陈、郑等国，再次伐秦，取江及彭衙二邑而还。

秦军的接连挫折，使秦穆公急于东进中原、建立霸业的热情降下温来。这个时候，秦穆公已经冷静下来，他由此认识到自己综合国力的不足、后方的不稳，重新估量蹇叔、百里奚多年前为他提出的吞并西戎、夯实综合国力的正确性。

但是，崤山之败，内无以对国人、外无以对各国诸侯有所交代。争强好胜的秦穆公不能咽下这口恶气。

公元前 624 年，经过精心的准备，孟明视与秦穆公第三次伐晋。

孟明视立誓："若今次不能雪耻，誓不生还。"

秦穆公也说："寡人凡三见败于晋矣。若再无功，寡人亦无面目返国也。"

于是，他们渡河焚船，果然大败晋人，攻取晋王宫及鄗。面对秦穆公起倾国之兵、破釜沉舟的拼命劲头，晋襄公传谕四境坚守，勿与秦战。"晋人皆城守不敢出。"秦穆公自茅津渡河，在崤山为三年前战死的秦兵收尸发丧，痛哭三日。并收江及彭衙二邑失地，秦凯旋班师而回。

崤山之战对秦国政治、军事、外交等方面产生了重大的影响。秦穆公虽说趁晋国之乱取得了河西之地，但多次出兵函谷关、图霸中原的行动却始终没有成功。其主要原因在于秦国东邻的晋国十分强大。秦晋长期征战，秦国势力始终不能在河东立足。鉴于晋国扼住了秦国东进的道路，秦穆公决定改变外交方针，由联晋制楚向联楚制晋转变，后世的远交近攻谋略在此已端倪初露。此后，由于秦穆公的努力，秦楚结盟有力地遏制住了晋国向西发展的锋芒，减轻了晋国对秦国的压力，最重要的是，秦穆公从此决心改变秦国的战略发展方向，将多年前百里奚、蹇叔为他制定的吞并西戎诸国、增强秦国实力的战略目标真正开始付诸实施。

（五）并国十二，称霸西戎

崤山之役后的五六年，是秦穆公人生与事业最为精彩的一段岁月。在这段岁月里，秦穆公完成了"称霸西戎"的大业，为后来秦国放心东进、直至一统天下，提供了一个稳固的后方基地。

数百年来，秦人在开拓西部历史中，无时无刻不与戎狄发生着斗争。可以确定地说，长时期的刀光剑影，早把秦人培养成了一个不怕作战、勇于作战的军事团体。

公元前623年，秦穆公采纳由余的谋略，利用西方诸戎各自为政、互不统领的现状，分化瓦解，集中优势兵力，各个予以击破。

通过大规模的军事征服，秦穆公"益国十二，开地千里，遂霸西戎"。

通过吞并诸戎、开疆拓土，秦穆公终于把秦国的领土西展至今天的陕甘边境，北拓至今天的陕西北部，不仅消除了后方戎狄侵扰的顾虑，而且将周王室的“王兴之地”真正变成了自己巩固的后方基地。秦国在后方稳定、军团力量日益壮大的同时，再次把目光投向了东方。

秦康公时，开始倾全力进攻东进道路上的拦路虎——晋国。他一败晋军于令狐，再败晋军于武城，三败晋军于羁马，四败晋军于河曲。此后，秦国与晋国之间互有攻守、胜负。战国初年，三家分晋，秦国利用这个机会，迅速征服了山西全境的诸戎，又接连征服了甘肃东北及汉中一带的诸戎。到秦孝公时，秦国已经初步具备了进一步侵略东方中原各国的力量和实力。

五、帝业的先驱

秦穆公是秦国历史上一位有为的君主。他的功业、他的胸襟与志向，能与之媲美的秦国君王不过秦孝公、秦始皇二人。

纵观秦国的一部创业史，在700余年的岁月长河中，在秦人开辟山河的满天繁星中，最给人们刻骨铭心的、最能在天空众星中灿烂夺目而出者，就是秦穆公对霸业的开辟、秦孝公对王业的开辟以及在前人努力的基础上，秦王嬴政最终实现的帝业的奠基。

秦穆公为秦国创业，规划了宏伟的蓝图。秦穆公时期形成的先内后外、先西后东、东进西取、步步经营、远交近攻等战略决策为后代秦国国君的努力指明了方向。从秦孝公到秦王嬴政的历代秦国国君，正是在认认真真、不折不扣地逐步实现了秦穆公的这种远大规划，才赢得了统一天下的伟大成果。

秦穆公为秦国的统一天下，打下了一个坚固的后方基地。

秦穆公时期，经过艰苦卓越的努力，才最终平定西戎，并国十二，为秦国建造了一个强大而坚实的根据地。正是有了这个进可问鼎中原、退可固守关中的富饶地方，才最终使秦人无后顾之忧地一直向东拓展，直至一统天下。

秦穆公为秦国后人的起用人才政策定下了一个正确的基调。

清代著名学者洪亮吉在《更生斋文集甲集》中说过："春秋时，列国皆用同姓。惟秦不然，见于经传者，亦不过数人，公子絷、公子慭、公子鍼、公子士雅等是也。至好用外国人，则亦自穆公启之。《秦本纪》所云：求百里奚于楚、迎蹇叔于宋，取由余于戎，求丕豹、公孙枝于晋，外又有内使廖、随会等人。若孟明视、西乞术、白乙丙，则又百里奚及蹇叔之子也。"

春秋时期，在选拔人才的标准上和对人才的重用程度方面，秦穆公的确显示出了与其他诸侯国君的不同之处。

中原各国受宗法制度的深刻影响，执政者大半宗族任之，宗族以外的人很少受到重用，即使重用一些外来人才，也往往不让他们担任有实权的官职，而是用其粉饰太平，以显示君主纳谏和任贤的气度。偶尔有重用者，也不会太久。与此相反，秦国由于没有严格的宗法制度，同族人被重用的不多，外国的有用人才却往往能得到高度的重视与任用。这固然是因为秦国长期处在与外敌争夺领土的战争环境，造成了秦国征战人才的有余与政治、文化人才的相对不足与落后，但秦穆公在远大志向驱动下养就的开放的用人心态，也不应当忽略。

秦穆公善于发现外籍人才、延揽外籍人才，只要有真才实学、超众经略，不管其出身贵贱、来历如何，他都能够做到不求全责备，破格擢用，不仅给予高官厚禄，而且能够做到用人不疑，绝对信任并放手使用，给予实权，使其走进国家政治舞台的核心。这种用客为相、用客为将的真诚信任对各国贤能而又得不到重用的志士产生了强大的吸引力，也为秦国后代君主的用人政策定下了一个正确的方向与可施的标准。秦国后来的本籍人才多为战将勋帅，外籍人才多为卿相，而且在外籍人才的重用程度上也相对地超过本国宗族。这种双轨制的选拔人才、重用人才政策正是开始于秦穆公之手的。秦穆公对秦历史进程的影响可谓大矣。

对于秦穆公的人才政策与秦国霸业之间的关系，孔子曾经给予了高度的评价。

司马迁在《史记·孔子世家》中说：

齐景公与晏婴来适鲁，景公问孔子曰："昔秦穆公国小处辟，其霸何也？"对曰："秦，国虽小，其志大；处虽辟，行中正。身举五羖，爵之大夫，起累绁之中，与语三日，授之以政。以此取之，虽王可也，其霸小矣。"

在孔子看来，秦穆公之政甚美；秦穆公之业甚伟；按照秦穆公的政治标准，简直可以成就王业，用霸业的眼光看待秦穆公之举，那是小瞧秦穆公的志向啦！

确实，秦穆公时，向东三定晋乱、三立晋君，夺取了晋国的河西之地，使秦人能够饮马黄河；向西，并吞西戎十二国，称霸西戎。这样，东到黄河的西岸，西到遥远的陇西，都已经为秦人所控制。秦国的疆域已经远远地超过了周平王所许诺的"丰、岐之地"，成为雄踞西方，傲视中原的赫赫强国了。

秦穆公的事业激励着当时及后世的秦人，促使他们去不断开拓进取，取得更大的成绩。

秦穆公东进西取的功业，也使各国诸侯莫不敬服赞讶，周天子也遣人送金鼓以贺秦，秦国从此以大国身份屹立在了当时的“世界民族”之林。

秦穆公的功业，极大地提高了秦人的自豪感与自信心。

秦穆公女儿怀嬴就曾对晋的流亡公子重耳说过：“秦、晋匹也，何以卑我！”（《国语·晋语四》）

秦孝公、秦始皇更是以先人秦穆公为效法的榜样，努力不已，进取不止，直至统一天下，帝国名秦。

春秋前期，能与秦穆公霸业相比肩的，只有齐桓公、晋文公二人。至于宋襄公，虽有霸业之志，却无霸业之能，唯知照本宣科，固守本本主义，尽管身边有子鱼这样的贤臣，也最终在与楚国泓水之战中落得个负伤受辱而死的下场，根本无法与秦穆公相提并论。

春秋后期，虽出现吴王阖闾、越王勾践先后在东方称霸的局面，但阖闾霸业，只不过是重用伍子胥、孙武兴兵伐楚罢了，后来吴王夫差虽打败越国，但最终还是被越国所灭。越王勾践虽有卧薪尝胆、灭吴定霸之事，但霸业亦不过是昙花一现，其国在战国时被楚国灭吞。这样看来无论阖闾，还是勾践，都不足以与秦穆公相比肩。

在各国争霸、发动兼并战争的过程中，秦穆公实际上较齐桓公、晋文公也棋高一着。

在春秋战国时期，各国争霸的最终目的还是要实现天下一统，最高的利益则是要尽可能地去开疆拓土、兼并他国。这是因为，领土面积的大小，对一个国家的生死存亡和兴衰都会产生重大的影响。

在争霸战争中，齐桓公、晋文公重在争夺霸业名分，把道义旗帜高举手中。他们往往打着“尊王攘夷”的旗号，对外用兵，胜罢即归，把信用看得远比土地重要，在领土问题上显示出了过度的大度和宽容。这种劳师动众的结果，表面上取得了“仁义之师”的虚名，但实际上是在消耗国力，坐失壮大自己国力的良机。

秦穆公则不然，他从不做亏本的买卖。他东进西取，就是为了给秦国争夺和扩展更大的生存空间，就是为了开疆拓土，增加国家的综合国力。虽然秦穆公也有让东方各国承认自己的虚荣心，但他基本上一直执行了务实的政策。秦人正是继承了秦穆公的这种务实行为，最终才使秦在战国后期脱颖而出，而齐、晋则在霸业衰退后最终为后起强大的秦国灭亡，历史的真正规律即在于此。

六、身后是非

公元前621年，即周襄王三十一年春，秦穆公因思念女儿弄玉，不幸患病去世，在位39年，终年69岁。

秦穆公死后，秦康公继位，以生人为其父殉葬，凡用177人，子舆氏三子——奄息、仲行、鍼虎亦在其中。子舆氏三子——奄息、仲行、鍼虎三人殉葬，成为秦穆公生前伟大，死后挨骂；一生功名，差一点因之扫地荡尽的来由。

司马迁在《史记》中说：“三十九年（秦穆公年号），公穆公卒，葬雍。从死者百七十七人，秦之良臣子舆氏三人名曰奄息、仲行、鍼虎，亦在从死之中。秦人哀之，为作黄鸟之诗。君子曰：秦穆公广地益图，东服强晋，西霸戎夷，然不为诸侯盟主，亦宜哉。死而弃民，收其良臣而从死。且先王崩，尚犹遗德垂法，况夺之善人良臣百姓所哀者乎？是以知秦不能复东征也。”

司马迁是我国历史上伟大的史学家，人们一直因其耿直遭祸而同情他，因他秉笔执书而将其著《史记》作为不能怀疑的信史来对待，所以，司马迁一锤定音，秦穆公就背上了“死而弃民，收其良臣而从死”而不顾他身后百姓、国家安危的千古罪名。

实际上，如果我们能够用理性去分析，用常识的去看待这个定论，就会不难发现，司马迁的这一结论做得实在有点草率。

1. 司马迁用于定性的史料在《史记》中也只有《诗经·秦风》中的《黄鸟》一文。仅凭经过孔子删节过的《诗经》中的这首文学作品就将秦穆公定为了杀害三良、不顾百姓死活的罪人，其根据不但有点牵强，而且其史料来源本身就值得进一步的分析与考证。

不错，《黄鸟》这首诗是说秦穆公死后，杀三良以殉葬之事。秦人痛惜三良，写此诗以示反抗。此诗的全文是：

交交黄鸟，止于棘。谁从穆公？子车奄息。维此奄息，百夫之特。临其穴，惴惴其栗。彼苍者天！歼我良人，如可赎兮，人百其身。

交交黄鸟，止于桑。谁从穆公？子车仲行。维此仲行，百夫之防！临其穴，惴惴其栗。彼苍者天，歼我良人。如可赎兮，人百其身。

交交黄鸟，止于楚。谁从穆公？子车鍼虎。维此鍼虎，百夫之御。临其穴，惴惴其栗。彼苍者天！歼我良人。如可赎兮，人百其身。

如果用我们今天的白话来表达，大意就是：

啾啾叫着的黄鸟，飞到枣林中徘徊。是谁从死秦穆公？子舆氏的奄息！啊，这一个奄息！只有百夫才可与他匹敌。走近他的墓穴，不禁惴惴战栗。苍天啊苍天，杀了我们的良人！假如可以赎免，一身百死也要把他代替！

徘徊四顾的黄鸟，飞来停在桑树上。是谁陪葬秦穆公？还有子舆氏的仲行。哎，这一个仲行！可比百人力量强。走近他的墓穴，不禁战栗又悲伤！苍天啊苍天，杀了我们的好人。如果可赎这条命，替他百死也愿当！

飞来飞去的黄鸟，不时落在荆枝上。是谁殉葬秦穆公？尚有子舆家的鍼虎。哎，这一个鍼虎，可敌百人真英豪。走近他的墓穴，不禁战栗气难消！苍天啊苍天，杀了我们的能人。如果可赎这条命，替他百死也不逃！

如果单从这首诗来看，真是字字血，声声泪，当然会激起读者去仇恨、责骂秦穆公的殉人行为。

但是，如果我们进一步追问，《黄鸟》的作者是谁？他真的亲眼目睹见证了杀害三良的就是秦穆公的决策吗？还是他只凭民间传言一时激愤而写下了这首千古传颂的声讨秦穆公罪行的诗篇？除了《黄鸟》这首诗，还有别的史实能进一步证明是秦穆公亲自下令杀掉三良以陪葬吗？起码，到目前为止，人们只是猜测，谁也没有考证到。

2. 奄息、仲行、鍼虎三人确实是为秦穆公殉葬，但不能凭这一点就说让他们陪葬的就是秦穆公的主意。

北宋苏轼写过一首题秦穆公的墓诗，诗中内容表露出了对司马迁这一定案的怀疑。

苏轼写道：

橐泉在城东，墓在城中无百步，乃知昔未有此城，秦人以此识公墓。昔公生不诛孟明，岂有死之日，而忍用其良？乃知三子殉公意，亦如齐之二子从田横。古人感一饭，尚能杀其身。今人不复见此等，乃以所见疑古人。古人不可望，今人益可伤！

在苏轼看来，三良殉葬，不是秦穆公的本意，而是三良感穆公知遇之恩，自愿从葬的结果。

现代秦史专家王蘧常先生也认为："殉葬实始于奴隶制。当是时，奴隶与牛马同栏，则亦牛马之而已。故殷王之葬，从死者多至千有余人。其下以次为差。两周亦然。齐鲁号礼宗，然齐桓之葬牛头山，从殉之骸骨狼藉，晋人实见之。秦辟在西垂，染其俗独后，至武公始有从死者。隶恶亦浅。至献公元年即止殉。后儒以为秦染戎翟之风深者，谬也。穆公与齐桓同时，且同为五霸，然且同以人殉，乃独厚责于穆公何欤？穆公以三士殉，或出于自愿，而不大理于人口；于非士之殉至千百万，则史无一言及之也，何欤？其徇一也，而旧史于先王则曰：'违世'，'犹遗德垂法'，于穆公则曰：'死而弃民'，何欤？

看来，王蘧常也同意苏轼的意见，认为司马迁不必要用殉葬三良来定罪秦穆公。

3. 从常识推理来看，秦穆公去世前，孟明视正执掌着秦国的军政大权，子舆氏的三子还是孟明视推荐给秦穆公的，"穆公皆拜为大夫，恩礼甚厚。"如果秦穆公怕他死后儿子秦康公驾驭不了权大势重的权臣，按常理他应当先向孟明视开刀，因为无论按权大势重还是按勋老资格，三良都是根本无法与孟明视相比的。如果不是，一生胸襟阔大宽豪、善于识人和用人的秦穆公怎么可能要杀其三良，而不管其子的身后国事？如果不是因为上述因素，那么能不能假设为三良是一个有着很大野心的本土籍小集团。他们收买民心、捞取资本，其不良之心为秦穆公所洞察，为了儿子身后的政权稳定，秦穆公果断地在临终前决定让三良在他死后陪葬，以此来为儿子康公翦除未来的隐患呢！

4. 也有另外一种可能。就是秦穆公在临终前并未指明要三良殉葬，三良也未自愿陪葬，而是秦康公要借秦穆公大葬这件事来做文章，除掉朝廷内部本土籍的既得利益集团。也许在秦康公看来，孟明视虽然位高权重，但他不过是秦穆公留下的老臣中尚存的唯一外籍人士，他有其父百里奚的忠心，没有任何问鼎政权的野心，势单力薄不可能兴风作浪。但三良就不同了，他们是秦国本土籍的实力派人物，而且又抱成一个私人团体，收买民心，捞取政治资本，野心勃勃。如果不借秦穆公之葬这个机会除掉他们，等到他们尾大不掉、羽翼已成，自己的国君位置就岌岌可危了。正是本着这一思路，在其父穆公死后，他果断地以父亲临终遗言的名义，在朝野上下反对声中除掉了这个心腹之患的“三人团”。

当然，不管怎么推理，人殉制度都是不应该得到肯定的。不管三良是自愿去陪葬死去的秦穆公，还是秦穆公在临终前亲自安排好了这件事，不管秦穆公有无做出这一指令，其子秦康公是否有意假穆公之死除去隐患的政敌，历史的事实是子舆氏三子——奄息、仲行、鍼虎，真的成了秦穆公的殉葬品。这是秦穆公身后几千年来不断受到非议的重要根源。

总之，历史现象背后的事实是复杂的，许多隐情我们今天已经无法猜测。司马迁对秦穆公定罪的这一历史公案是否客观，还需要更多的历史学家去进一步发掘史料，拨开迷雾。

第二章

大改革家商鞅

从历史上来看，秦孝公与公孙鞅，确是一对事业上的天生搭档。秦孝公具有胸襟阔大、志向高远、极富耐心、勇于做事的领袖素质；公孙鞅则具有善于规划、长于管理、意志坚定、手段强硬、决策与执行二者兼备的能臣素质。如果说公孙鞅是秦国变法运动的设计师与执行人的话，那么，秦孝公则是这次变法运动的监护人与支持者。

一、机会终于来了

公元前360年暮春的一天上午，在通往秦国都城栎阳的漫长古道上，一个30岁左右的年轻汉子正风尘仆仆、挥汗如雨地赶着路。

由于整整一个春天几乎滴雨未下，大地龟裂，农田干枯，古道上尘土飞扬，天空中则骄阳似火。但这情形，一点儿也没有影响到这位年轻汉子的赶路劲头。虽然连日疲劳，但由于心中装着希望，他鼓足气力，坚持不懈地一直向西走了下去。

这个汉子，就是令后世人们敬仰、惋惜，褒贬不一的公孙鞅。

此刻，他正怀着复杂的心情，追忆着自己逝去的时光，思考着各国大势走向及形势对策，反复思虑和想象着见到秦孝公后可能出现的各种情形与结果。

公孙鞅，本名卫鞅。他的祖辈是卫国的国君，按照当时“诸侯之子曰公子，诸侯之孙曰公孙”的礼制，他才又名公孙鞅。后来，他因有功秦国，被秦孝公封了商、於之地，号为商君，所以后人又普遍称他为商鞅。

公孙鞅虽是卫国国君的后代，但却是“庶孽公子”，也就是卫君的非正室的姬妾所生的公子，类似于我们今天所说的小老婆所生的孩子。尽管他的祖辈是卫国的国君，他也是卫国贵族的后裔。但是，到了他这一代，家道已经败落，如三国时代的刘备一样，虽是汉中山靖王刘胜之后，但到他时却成了一个只能以编织草鞋为生的破落户。不过，公孙鞅虽然身为一个破落户的子弟，但他到底比刘备多读了很多的书，知识比较渊博。早年他偏好法家的学说，汲收了很多的学问，这为他成年后的发达奠定了基础。

公孙鞅生活在一个动荡战乱的时代。

当时，经过春秋大规模的兼并战争，到战国初年，主要的诸侯国已经只剩下齐、楚、燕、韩、赵、魏、秦七个对峙的大国了。

经过反复对比权衡，年轻而又希望有所作为的公孙鞅初步将目标锁定在了魏国。这是因为，魏国是战国初年政治比较先进，经济、文化比较发达的一个有希望统一天下的强国。

魏文侯时，曾经任用李悝、吴起等能人贤士进行变法，而李悝、吴起正是公孙鞅仰慕、效法的改革派人物。用我们今天的时髦话说，公孙鞅是李悝、吴起的忠实崇拜者。

李悝、吴起为什么能引起公孙鞅如此的兴趣、调动起他的激情与梦想，使他对他们产生狂热的崇拜？一个主要原因就在于李、吴二人开创的功业。

李悝又名李克，约公元前 455 年至公元前 395 年在世，是战国初年一位杰出的政治家、改革家，曾在魏国任相。

在政治上，李悝主张打破尊贵贫贱的界限，挑选并任用有功劳有能力的下层人士，让他们来参与国家的政权，同时剥夺那些无功受禄的旧贵族的政治特权，废除旧的世卿世禄制度，以建立一个新的有竞争力的、充满活力的行政体制。

在经济上，李悝主张“尽地力”，以鼓励个体农民的生产积极性，充分发挥土地的最大潜力、以此来增加国家的收入。为此，李悝创造了“平籴法”，也就是平衡粮价的政策机制。在风调雨顺的年成，国家以平价买进粮食，在旱涝难收的年成，国家再以平价卖出。这样，就可以做到“取有余以补不足”，虽然遇到水旱灾荒，国家仍可以通过宏观调控，做到米不涨价、民不离散。

不仅如此，李悝还把当时各国的法律加以整理、编撰，写成了《法经》六篇，包括《盗法》《贼法》《囚法》《捕法》《杂法》和《具法》。李悝的《法经》，不仅集当时各国法律之大成，是我国历史上第一部比较完整的法典，而且也是秦汉以后历朝历代的法律蓝本。

据《魏书·刑法志》记载，“商君以《法经》六篇入秦”。《晋书·刑法志》中也说：“李悝撰次诸国法，著《法经》六篇，公孙鞅受之以入秦。”由此可见，李悝的《法经》对公孙鞅以后在秦国的改革与施政产生了多么大的影响。

吴起，也是卫国人，可以说是公孙鞅的同乡。早年，他弃卫前往鲁国，曾经就学于孔子的高徒之一——曾参。

吴起是一个功名心相当强的人。据说，他离卫时曾经向母亲发誓说：起今辞母，游学他方，不为卿相，拥节旄，乘高车，不入卫城，与母相见！

也许是天生的性格，吴起为人心肠冷硬，司马迁说他“刻暴少恩”。

据史载，吴起从曾参学习后，倒也收起了早年击剑无赖的习气，昼研夜诵，不辞辛苦，下决心要成就一番功名。

但是，下列两件事情使吴起的名声受到了相当大的负面影响。

第一件是，其母去世，他不回卫奔丧，诵读如故，导致了曾参与吴起师徒二人的关系决裂。“其母死，起终不归。曾子薄之，而与起绝。”（《史记·孙子吴起列传》）

第二件是，吴起与曾参关系破裂后，弃儒学习兵法。三年学成后，求仕于鲁，为了求得将帅之位，减少鲁君对自己的猜忌，他竟然亲手杀死自己齐国籍的妻子来表明自己对于鲁君的忠诚。

吴起这样做，虽然一时达到了自己迅速成就功名的目的，但在齐、鲁儒学、道德文化发达的国度与环境下，这种为追求功名而弃道德于不顾的做法终究为人所不容。

在这种情况下，“吴起于是闻魏文侯贤，欲事之。”

吴起离鲁奔赴魏国后，在李悝的推荐下，“魏文侯以为将，击秦，拔五城。”“文侯以吴起善用兵，廉平，尽能得士心，乃以为西河守，以拒秦、韩。”（《史记·孙子吴起列传》）

李悝、吴起在魏国的业绩，使魏国国力迅速增强。在对外战争中，魏国节节胜利。当时，魏国不仅联合韩国和赵国，打败了齐国和楚国，而且还多次攻城略地，威胁秦国，成为战国初期诸雄中最为强大的一个国家。

历史的记录是：

公元前414年，魏军包围并占领了黄河边上的繁宠（今陕西韩城东），赶走了秦国的居民。

公元前413年，魏军在郑（今陕西华县）大败秦军。

公元前409年，魏文侯派吴起再次伐秦，魏军在两年内就先后占领了秦国的邻晋（今陕西大荔东）、元里（今陕西澄城南）、洛阳（今陕西大荔西北）以及郃阳（今陕西合阳东南）等地。

就这样，秦国的河西之地（在今陕西黄河以西、洛水以北）全部丧失，秦军被迫退守北洛水，在重泉（今陕西蒲城东南）筑城防御。

接着，魏国设置了河西郡，任命吴起做郡守。吴起在驻守河西时期，鼓励开垦荒地，重视农业生产，屯粮积谷，充实国库。

魏文侯在位40多年间，重用法家，励精图治，很快就使魏国成为战国初期的头号强国。从魏文侯起到公孙鞅在秦国变法时止，魏国称霸中原达近百年之久。

应当说，在秦穆公之后到公孙鞅变法之前的一段时间里，秦国力量一度衰弱不堪，魏国则通过李悝的变法而变得兵强马壮。

但是，魏国的目标是称霸中原，而对土地的获得和最终统一天下的问题则考虑不足，因而，在夺回了过去被秦国占领的河西之地后，魏国就把力量转向了中原，去与齐、楚等国角力逐鹿，从而使秦国得以喘息，白白丧失了灭掉秦国的机会。

当时，秦国自穆公后发展一度停滞，力量减弱且又孤立于山东各国之外，吞并秦国不会引起其他大国的反对。魏国如果趁李悝变法一度强大之时乘胜追击，“宜将剩勇追穷寇”，步步蚕食秦地并把它变成自己的统治区域，就会为魏国逐鹿中原解除西顾之忧，并且提供一个稳固而强大的后方。可惜，在魏国拥有这个力量时却因为政治短视而错过了向西蚕食秦地的大好时机。但当这种机会因为公孙鞅变法而转到秦国手中时，秦国就不留余地，心硬手狠，勇往直前，最终吞灭东方六国，一统天下，建立了华夏民族的第一个中央集权国家。

秦、魏这种力量对比与命运祸福的转瞬变化，对于一直关心天下大局、热衷于有所作为的公孙鞅，心中应该是一清二楚的。

公孙鞅年轻时，贵族后裔身份的高贵、家道败落后生活的窘迫，都使得他产生了强烈的功名心理。他热衷于法家的学说，对李悝、吴起等人的改革成就十分向往。当时卫国又是魏国的属国，因此，在魏惠王即位不久，公孙鞅为了寻求出路、谋求发展，便离开了自己的故乡卫国，顺理成章地踏着吴起等人的足迹，来到了魏国当时的都城——安邑。

这时，虽然李悝早已去世，吴起也因受到魏武侯的亲信大臣的诽谤与排挤，已经逃亡楚国，但是，李悝、吴起的变法措施还在继续推行，魏国仍然相当强大。公孙鞅多么想用自己的热血去浇灌这块土地，去踏着他心中顶礼膜拜的李悝、吴起等先人足迹，用智慧去让魏国继续强大，去让自己功成名就。

但是，在当时十分看重身份与地位的魏国，公孙鞅一时间也找不到接近魏惠王的机会，在反复权衡后，他投到当时正受到魏惠王信任与重用的魏相公叔痤的门下。

公叔痤也是一个很了不起的人物。

与公孙鞅一样，他一向推崇李悝、吴起的功业与成就。公元前362年，公叔痤率领魏军在浍水（今山西省翼城东南）以北大败韩、赵两国联军，俘虏了赵将乐祚，使魏惠王一度称霸诸侯。魏惠王很高兴，亲自出城迎接，要封给公叔痤“田百万”。公叔痤没有领受，他认为这次打了胜仗，是吴起“余教”作用的结果。

我们不知道公孙鞅是通过什么途径认识公叔痤的，各种史书上也没有明确的记载，但是，凭猜想，我们也会明白，这不是一件容易做到的事情。要知道，公叔痤当时可是一个中原大国的堂堂宰辅，不是谁想在他身边工作就能在他的身边工作的，可是公孙鞅做到了。从这件事上，无论后人怎样看待公孙鞅，起码，我们应当敬佩他的公关才能。一叶落而知秋，公孙鞅不是一个简单的人物。

公孙鞅投到公叔痤的门下后，做了“中庶子”。中庶子是公叔痤家中的执事人员，也就是个家臣，官并不大。但是，在公叔痤身边的生活与实践，却使公孙鞅有机会系统地研究李悝、吴起的学说与改革的实践，这为他后来在秦国的变法奠定了理论上的基础。同时，他在帮助公叔痤办理魏国政事的过程中，进一步扩大了见识，拥有了从政的实际经验。

公孙鞅在公叔痤身边兢兢业业地一干就是四年有余。在这四年多的时间中，他十足地表现出了自己独特的政治见解和卓越的才干，以致丞相公叔痤认为，公孙鞅将是继他之后唯一可以支撑魏国的栋梁。公叔痤在找机会准备将公孙鞅推荐给魏惠王。

但是，天有不测风云。公叔痤还没有来得及推荐公孙鞅，就重病缠身、卧床不起。

有一天，魏惠王亲自去探望重病中的公叔痤，问道："万一先生有个三长两短，我的国家可怎么办呢？"公叔痤乘机回答说："我有个家臣，叫公孙鞅，虽然年轻，但是有非凡的才能。希望大王能把国家托付给他，听凭他去治理。"

魏惠王虽然心比天高，却眼拙不会识人，而且，还有一点刚愎自用。他在公叔痤临终前拒绝了这位老人最后一次认真恳切的建议。

公叔痤见魏惠王不肯重用公孙鞅，在魏惠王临别时，支开了身边的仆人，小声叮嘱魏惠王道："大王如果不肯重用公孙鞅，就一定要把他杀掉，千万不能让他离开魏国为别国所用。"魏惠王心不在焉地答应了一声，就匆匆离别而去。

魏惠王一走，公叔痤又于心不忍，马上派人将公孙鞅找来，对他说道："刚才魏王问我，谁可以接替我做魏相。我推荐了你。不过看他的表情，并没有应允。我本着先君后臣的原则，对魏王说，如果不重用你，就把你杀掉，以免将来为敌国所用。魏王已经答应了，你还是快点儿逃走吧，如果耽误的话，就会被他们捉住杀掉。"

公孙鞅听了，倒很冷静，思忖了片刻，不慌不忙地对公叔痤说："您让魏王重用我，他不听；那么您让他杀掉我，他怎么会听呢？"他倒劝公叔痤不要烦忧，好好养病。

事情果如公孙鞅预料的那样，魏惠王见公孙鞅年纪轻、资历浅，又没有什么名望，根本看不起他。魏惠王回去以后，满不在乎地对左右大臣说："公叔痤病得太厉害了，他竟叫我把国家交给公孙鞅，真够荒唐的。"

实际上，真正荒唐的，不是公叔痤，倒是这个自以为聪明的魏惠王。

公孙鞅是公叔痤的家臣，公叔痤自然在了解公孙鞅方面，拥有着一定的权威。公叔痤能够长期做上魏国的相国，本身就说明他有着独特的能力。他长期协政魏国，广泛招揽宾客，在发现与重用人才上，有着独到的眼光。他临终前以国事为重，郑重地把公孙鞅推荐给魏惠王，却不料魏惠王不以此为喜，反把这件严肃的事当成了笑话，讲给左右大臣听，事后既不重用也不杀掉公孙鞅，这是魏国的悲哀，也足以表明魏惠王的平庸。把这件事与魏惠王后来重用庞涓而伤害孙膑的事情联系起来看，魏国东边给齐国送了一个孙膑，西边给秦国送了一个公孙鞅。魏国从魏文侯起好不容易建立起来的一点儿霸业基础，就这样丧在了这个败家子魏惠王之手。

公叔痤去世后，公孙鞅成了一个无家可归的人，一下子感到魏国变得空空荡荡，甚至异乎寻常的寂静和寒冷。但是，他不甘心，他不能就这样毁了。他抱着希望，仍然赖在魏国，希望通过别的做官友人如公子卬等人的推荐，魏惠王能够改变主意最终重用自己。但是，他的愿望又一次落了空。

他不得不另谋生路。

恰在这时，从秦国传来消息，秦国新任国君秦孝公很有远图，已经颁布了招贤令，要仿效关东各国，变法图强。

于是，公孙鞅立即收拾行装，带着李悝的《法经》，带着他多年来收集起来的与山东六国有关的政治、经济及军事相关的资料及文献，告别了安邑的故友，跋山涉水、日夜兼程地向秦国奔去。

本该使魏国进一步强大的一位旷世奇才，就这样不经意间被魏惠王推向了对手秦国。

从此，魏、秦两国开始换势。

公孙鞅奔向的地点是当时的秦都栎阳，他要投奔的主人是正在极力寻求贤才、欲有所作为的秦孝公。

秦国自厉公以来，内部危机迭出，发展的步伐大大减弱下来，与正在轰轰烈烈变法改革的中原各主要国家相比，秦国则因宗室贵族的力量强大、君位继承权争斗不已等问题，逐渐失去了先辈秦穆公时那样的雄风，退离了当时的“国际政治”大舞台。在那样一个物竞天择、适者生存、争战激烈的年代里，落后本身就意味着挨打甚至灭亡。

自秦躁公即位以后，秦国的宗室贵族操纵了国家的政权，少数庶长甚至可以任意决定国君的废立，争夺君位的斗争也时有发生，造成了国君更替不迭、君臣乖乱的局面。

秦怀公在位不到4年就被庶长鼌逼死，于是，秦国大臣又立了秦灵公。

秦灵公死后，灵公的叔父又发动宫廷政变，废太子公子连，篡夺了君位，这就是秦简公。公子连被迫在国外流亡了21年。

在秦简公统治时期，秦国经常受到魏国的进攻。结果是丢城失地，放弃河西。因此，史称“秦以往者数易君，君臣乖乱，故晋复强，夺秦河西地”(《史记·秦本纪》)。政治腐败、经济落后的秦国，已经无法同变法后的魏国相匹敌。面对着这种“国内多忧、未遑外事”的局面，秦国的统治者迫于形势，也开始了社会变革。

公元前408年，秦简公宣布实行“初租禾”，国家根据土地面积向田主征收租税。尽管这个变革比鲁国实行的“初税亩”晚了近300年，但是，它毕竟标志着土地私有制的合法确立，为秦国生产力的发展准备了充分的基础。

秦简公在位16年卒，其子惠公立，惠公励精图治，收回了南郑等领土。

秦惠公在位13年卒，国内权臣再度发动政变，并结合诸侯的力量攻陷京城，太子及其母后均遇害。早年被废的公子连被拥立，是为秦献公，此时秦国的内乱已经达到了高峰。

公元前385年，秦献公正式即位。为了改变秦国长期内忧外患、贫弱落后的局面，秦献公决心仿效中原各国，发愤图强，积极进行社会变革。

公元前384年，秦献公宣布了“止从死”，废除了在秦国实行了300多年的杀人殉葬的旧制度。

公元前383年，秦献公建都栎阳（今陕西临潼东北），把政治中心进一步东移，从战略上进一步把秦国的东进事业向前又推进了一大步。

公元前379年，秦献公在蒲、蓝田、善名氏等地设县。县是直属于国君的地方行政组织，县令也由国君直接任免。县的增设，有利于实行中央集权，这对于加强王权与巩固国防，都起到了十分重要的作用。

公元前375年，秦献公又初步制定了户籍制度，把全国人口编入国家户籍，五家编为一伍，称为“户籍相伍”。户籍制度的实行不仅确认了以一家一户为基础的个体封建经济的合法性，破坏了旧有的宗法关系，保证并增加了国家的财政收入，而且大大加强了国君的权力。国君从此不仅直接掌握了全国的劳动人手，而且掌握了征发兵员、组织军队的权力。这样就打击与削弱了宗室贵族的利益，限制了他们的私人武装。

秦献公时期，由于实行了上述改革，秦国宗室贵族和少数庶长操纵国家政权的局面基本结束，秦国也开始逐渐地在由弱变强，这为接下来秦孝公任用公孙鞅变法打下了良好的基础。

公元前361年，秦孝公即位，时年21岁。

21岁的秦孝公正充满着青春与理想、热血与激情。

但是，摆在他面前的形势却明显地不让人乐观。

一方面，秦献公在临终时留下了遗言：没有收复河西之地是为父的耻辱。他要继任者子继父业，实现强秦的大业。

另一方面，秦国已经在一个相当长的时期内，在内外交困的谷底痛苦地挣扎着。

司马迁在《史记·秦本纪》中描写到：

> 孝公元年，河山以东强国六，与齐威、楚宣、魏惠、韩哀、赵成侯并。淮、泗之间小国十余。楚、魏与秦接界。魏筑长城，自郑滨洛以北，有上郡。楚自汉中，南有巴、黔中。周室微，诸侯力政，争相并，秦僻在雍州，不与中国诸侯之会盟，夷翟遇之。

这就是说，秦孝公即位初期，他所面临的“国际政治”大舞台已经是一个全新的局面。东迁后的周王室，经过数百年的苟延残喘，已经形同虚设。黄河及太行山脉以东、长江流域，六国争雄的政治局面业已形成。夹杂在其间的，还有淮水及泗水中的 10 余个不足道的小国。秦国南有楚国，东有魏国，又受到中原各国的轻视，在大国竞争中处于十分不利的地位。

正是在这样的情况下，年轻气盛的秦孝公在秦民族复兴的呐喊中，登上了秦国的政治舞台。

成为秦国国君的秦孝公，其心情与其说是兴奋，倒不如说是激愤。

秦孝公回顾了先祖秦穆公的历史功绩，总结了秦国强弱兴衰的经验教训，肯定了先父秦献公勇于变革、收复失地的雄心壮志，汲取了献公改革过程中暴露出来的错误与教训。

秦孝公认为，战国以来，秦国内忧外患，各诸侯国瞧不起秦国，这是莫大的耻辱。他说，每当他想到秦献公的遗志还没有实现时，便非常的痛心。为了继承父亲的未竟之业，秦孝公一即位就马上颁布了招贤令，号召群臣宾客献计献策，只要能使秦国富强，便封赏他高官，封给他土地。

招贤令中说：

> 昔我穆公，自岐、雍之间，修德行武，东平晋乱，以河为界，西霸戎翟，广地千里，天子致伯，诸侯毕贺，为后世开业，甚光美。会往者厉、躁、简公、出子之不宁，国家内忧，未遑外事，三晋攻夺我先君河西地，诸侯卑秦，丑莫大焉。献公继位，镇抚边境，徙治栎阳，且欲东伐，复穆公之故地，修穆公之政令。寡人思念先君之意，常痛于心。宾客群臣有能出奇计强秦者，吾且尊官，与之分土。

从《史记·秦本纪》记载的这个招贤令中，可以看出，秦孝公最为关心的还是王权的重建。他认为这是秦国国势衰退，被各国轻视的主要原因。为此，秦孝公要以秦穆公为榜样，进一步强化王室的权威，变法革新，决心为秦国开创一个新的辉煌时代。

应当说，秦穆公在用人制度上为秦国提供了极好的范本。但是，这个优良的范本不幸却为后代子孙所忽视，在沉寂了三百年后，这个优良的传统才又为秦国国君重新认识并加以继承下来，这是秦国发展史上不幸中的万幸。

在发布招贤令前后，秦孝公已经开始了他的实际行动。

据司马迁在《史记》中记载，秦孝公先在国内“布惠，振孤寡，招战士，明功赏”。接着，出兵“东围陕城，西斩戎之王。”

正是在秦孝公这种急于富国强兵政策与行动的感召下，秦孝公三年，公孙鞅来到了从此让他的命运得到转折、浮沉与升华的地方——秦国。

二、君臣遇合

公孙鞅来到秦国都城栎阳时，并没有直接去求见秦孝公，而是投到秦孝公宠臣景监的门下，做了一名食客。

公孙鞅这样做是有道理的：

一、公孙鞅对秦孝公还一点儿也不了解，凭公孙鞅之聪明才智，他一定不会在一件事毫无把握的时刻，就贸然行之。他需要先进一步了解他要投奔与依靠的主人的真实心态、性情及其他情况。

二、尽管当时秦孝公求贤若渴，但依据当时的实际情况，找一个国君信任的人推荐，或许更合情合理，也更加稳妥一些。

三、公孙鞅虽然建功心切，但他在魏国怀才不遇的挫折经历，也不能不在他的心头留有一丝阴影，使他需要把自己即将拿出的方案与计划考虑得更加审慎与合理，以求这次努力只能成功，不能失败。

四、景监是名字叫景的太监，性情爽朗而好客，当时正深得秦孝公的信任，朝夕伴在孝公的身边。先投在景监的门下，取得景监的信任与赏识，并通过景监全面深入地摸透秦孝公的脾气与心性，待时机成熟后，再由景监安排推荐给秦孝公，就会更加稳妥些，成功的概率也会更大一点儿。

后来的事实表明，公孙鞅的这一思路是正确的。正是在景监不辞怨劳的再三举荐下，秦孝公才耐住性子先后数次召见公孙鞅，从而给公孙鞅向秦孝公彻底表明自己的主张，提供了条件。而这一切效果，在魏国时，公孙鞅就无法通过公叔痤与魏惠王来达到。

公孙鞅是如何取得景监的信任与赏识，从而使景监愿做伯乐，在秦孝公三番五次责骂下仍然对推荐公孙鞅坚定不移呢？目前为止，没有找到更详细的历史记载。但可以肯定，公孙鞅是用他的雄才大略与办事的能力征服了景监，从而使他愿意向秦孝公反复举荐公孙鞅。由此推理，景监也绝不是一个简单的人物。从他获得一代雄主秦孝公推心置腹的信任，从他对公孙鞅的态度与行为来看，都应该认定他是一位聪明、豁达、善于体贴人意并且胸有大志的人物。否则的话，作为一个衣食无忧、得到君王宠信的太监，根本没有必要招揽笼络宾客与天下的英雄，也不敢三番五次去顶风推荐公孙鞅。这样看来，在秦国的帝业构建历史上，在公孙鞅变法这一决定秦国甚而决定与影响了后来华夏历史的重大事件上，景监都不是一个可有可无的人物。是他促成了急欲有所作为的秦孝公与公孙鞅二人的千古遇合，成就了中国战国史上的一次重大的制度创新，也因此奠定了秦国政治的规模与发展的走向，甚至影响了中国后来的历史进程。正是从这个意义上说，景监能被正史列载，千古传颂而不朽。

经过充分的准备与计划，在景监的引荐下，公孙鞅终于见到了秦孝公。

据司马迁在《史记》中记载，公孙鞅与秦孝公的初步磨合，总共经过了四次面试的过程。

第一次，公孙鞅大讲“帝道”，用传说中的三皇五帝的治理之道来游说秦孝公。这是属于道家学派的一种政治学说，公孙鞅讲得津津有味，秦孝公却听得昏昏欲睡，似听非听。伏羲、神农、唐尧虞舜时的理想世道虽好，可都是一些传说与过时的东西。这种方案作为一种美好的理想，去吸引人们的向往未尝不可，但对于眼下秦国积贫积弱、一直遭到魏国侵略的现状、与秦孝公的人生目标的距离差得实在太远了。显然，新即位的国君听不进这些空洞的东西。但是，思贤若渴的秦孝公还是耐着性子让公孙鞅讲完了他的帝道高论。事后，秦孝公大怒，责备景监：“你介绍的这位客人，狂妄得很，哪能重用呢？”

景监回府后也责备公孙鞅，但公孙鞅似乎成竹在胸，他告诉景监：“我这次进说的是帝道方案，国君志向不在这里。您再劳驾给予引见，最后必然能够成功。”好在景监已经认识到了公孙鞅的才能，答应继续为他引荐。

五天后，秦孝公第二次面试公孙鞅。这一次，公孙鞅带去的是“王道”的方案。他希望用大禹、商汤、周文王、周武王夏商周三代的事业去打动秦孝公。公孙鞅谈得比上一次还起劲，但仍然没有合乎秦孝公的意愿。三王事业对秦孝公来说，不过是天边一片绚烂的云霞，虽然美丽但显然只能是画饼充饥。事后，推荐公孙鞅的景监又挨了秦孝公的一通臭骂。景监回府后又去埋怨公孙鞅。公孙鞅不急不慢，等待景监消了气后说道：“这一次，我给国君讲了三王的道理，可他还是听不进去，不过，我现在已经知道了国君想要做的事业，还请您设法让他再召见我一次，这次保准不再让您失望。”

这样，又过了五天，在景监的不懈努力下，秦孝公第三次召见了公孙鞅。

这一次，公孙鞅给秦孝公带去的是“霸道”的方案。他认真、详细地为秦孝公说明了这一方案的可行性及可能带来的光明的前景。他用春秋五霸（齐桓公、宋襄公、晋文公、秦穆公、楚庄王）的事业来劝说秦孝公这位年轻的君王，显然起到了一定的效果。秦孝公不但认真地听了，而且显示出了感兴趣的样子，但并没有表示出要采纳的意思。公孙鞅见目的已经达到，便适可而止，及时告辞出来。

公孙鞅走后，秦孝公对景监说：“你这位客人不错，应该跟他好好谈谈。”他让景监第二天再把公孙鞅带来。

但是，公孙鞅却坚持五天后再去见秦孝公，这自有他自己的理由：

1. 三次召见与面试，公孙鞅把他已经准备好的三套方案献了出去。虽然秦孝公表现出了对公孙鞅第三套方案的兴趣，但对于公孙鞅来说，尚须花费时间进一步深入、量化、系统与完善第三套方案。

2. 在三次面试过程中，公孙鞅充分展示了他丰富博学的知识，其才能与多种治国方案已经表现给了秦孝公。公孙鞅与秦孝公在三次面谈中已经逐渐找到了双方的契合点，得到重用只不过是个迟早的事情，俗话说，心急吃不了热豆腐，因此，公孙鞅倒显得不那么急切了。

3. 秦孝公虽然表现出了对公孙鞅“霸道”方案的兴趣，但接受与消化显然还需要时间。

4. 能给公孙鞅三次面试的机会，让他充分展现出自己的才能与想法，说明秦孝公是一个求才若渴且极富于耐心的人物。一个刚刚过20岁的年轻君主有如此的定力，公孙鞅认为这是千年求不来的珍贵品质。因此，在公孙鞅看来，迟延四天后二人再谈，不会引起秦孝公的愤怒与不满。

5. 也许在公孙鞅看来，既然自己才能已经显露，不急于求见，很可能是一种以退为进的更好的策略与技巧。这样也许能表明自己并不是热衷做官而是想在秦国帮国君做成大事的更高境界的人物。

对于秦孝公十分了解的景监，经过反复的思考，同意了公孙鞅的意见。

剩下来的五天，秦孝公与公孙鞅恐怕是这个地球上最为忙碌的君臣了。一个心情迫切，急于见面。一个是在三次试探的基础上正在准备更加妥帖的方案。这五天，对于君臣二人来说，一个感到日子过得太慢，一个觉得时间消失得太快。

转眼到了第六日的清晨，秦孝公派人用专车来接公孙鞅。君臣二人见面后，秦孝公赐坐，请教其意甚切。于是，公孙鞅将他充分准备的秦国政治应当更张的事情一件一件讲给秦孝公听。君臣二人彼此问答，相见恨晚，越谈越投机。秦孝公甚至忘记了君臣的礼节，不知不觉地凑近了公孙鞅。一连三日三夜，二人还没有谈够。

后来，景监问公孙鞅："你用什么打动了我的君主？我君主的高兴，那是到了极点。"

公孙鞅回答："我用成就帝王事业的道理劝说他，劝他同夏、商、周三代相比，而他说：'太久远了，我不能等，而且贤明的君主都希望各自在世的时候就扬名天下，哪能郁郁不欢地等待几十年、几百年后才成就帝王之业呢？’所以我用使国家强盛的方法劝说他，他就大大地喜欢了。但是，用这种方案治国，很难达到殷代、周代统一天下那样的大功德了。”

事实证明，秦孝公与公孙鞅二人的君臣遇合是一个足以彪炳青史、传之万世的重大事件。秦孝公具有的胸襟阔大、志向高远、极富耐心、勇于做事的领袖素质，使他能够像先祖秦穆公一样，做出一件顶天立地的大事来。公孙鞅具有的善于规划、长于管理、意志坚定、手段强硬、决策与执行二者兼备的能臣素质，也足以让他帮助秦孝公去完成复兴秦国的宏大的志愿。

秦孝公与公孙鞅二人的遇合事实表明，秦孝公可谓是公孙鞅的慧眼识人才的伯乐，公孙鞅也无愧于秦孝公选中与赏识的一匹真正的千里驹。没有秦孝公的富强愿望与变法决心，就不会有后来载入史册、名传全球的公孙鞅变法。魏国的魏惠王也有称霸的愿望，也在招贤纳士，但由于他的胸襟与眼光的限制，只能接受像公叔痤、庞涓这样的二流人才，真正一流人才如公孙鞅、孙膑等人都先后被他当作草芥，从眼皮底下白白地丢弃了出去。一句话，没有秦孝公，就不会有公孙鞅的变法与成功，这是一个不可更改的因果关系。今天，我们在追念商鞅这个大政治家的彪炳青史的业绩时，千万不要忘记了是谁把这个千载难逢的政治大舞台的聚光灯全部照射到了他的身上。

今天看来，秦孝公与公孙鞅的招对，其生动性与重要性一点儿也不亚于三国时期的刘备与诸葛孔明的隆中对策。

历史上，也唯有刘备与诸葛孔明的隆中对策和宋神宗任用王安石变法二事堪与之媲美。但是，综观后二者的结果，最终都以失败的悲剧而告终，唯有公孙鞅变法真正取得了前所未有的成功。它不仅使秦孝公在有生之年便尝到了甜蜜的成功果实，而且也使秦国从此强大起来而一发不可收拾，最终在秦王嬴政的手中，将这一接力棒送到了胜利的终点。看来，英雄创造历史与人民群众创造历史并不相悖。没有英雄们的一幕幕壮烈的情景表演，我们今日看到的历史很可能就不会是如此的多姿多彩。

公孙鞅虽然揣摩出了秦孝公想要达到的理想层面，秦孝公也知道了公孙鞅在强国之术上所能做到的工作，然而，公孙鞅毕竟是外来的宾客，对秦国而言，他拿出的那一套政改理论和方案也都是陌生的，是否真正适合秦国的国情，是否能够达到二人希望的富国强兵的效果，秦孝公的心中并没有定数。

实际上，秦孝公产生这个顾虑完全是正常的，放在谁的身上也都会这么去思考问题。

秦国与山东各国的情况几乎完全不同，起家的资本也不一样，人的思维、办事方式和习俗文化均与中原各国有着很大的差异。

公孙鞅的“霸道”方案，对于年轻的秦孝公而言是一个既感到新奇又心中确实没有把握的东西。秦孝公一时下不了决心才符合当时的客观实际情况。

当时秦国受华夏文化浸染固然不深，保守势力也不是十分的强大，然而，触及到“变易祖宗家法”，要将秦国政治体制来一次伤筋动骨的手术时，必然会触及与伤害到方方面面的利益，反对者必定有之，存心阻扰者更会有之，并且，这股反对力量与势力一定十分强大，不可小视，弄不好还会引起政局的大动荡，甚至会影响到王室的安危。

秦孝公既想用公孙鞅变法，又“恐天下议己”，对自己的统治造成不利。这种尴尬两难的局面，正是当时秦国实际情况的生动写照。

为了让自己想得更清楚一点儿、顾虑更加减少一点儿，也为了让秦国政权上层人物对这次变法有个心理上的准备，从而减少一点反对声音，经过反复思虑，秦孝公安排了一场“御前大辩论”，让赞成与反对的双方各自摆出自己的理由，既达到“互通声气”，也希望能够达到说服对方的目的。

经过摸底测验，秦孝公选中了甘龙、杜挚等人作为反对派的一方来与公孙鞅当堂辩论、商讨是否在秦国实行变法。

《商君书·吏法》详细记载了这场大辩论：

秦孝公说：“我既然是国君，就应该以国家为重，这是做国君的本分。现在我很想变法图强，改变统治方法，但是又担心天下人议论我，而最终达不到目的。”

针对秦孝公的发问与顾虑，公孙鞅首先发言回答道：“行动犹豫不决，就不会有所成就；办事疑神疑鬼，就难以取得成功。您应当下足变法的决心，而不要去顾虑天下人的议论。况且有非凡作为的人，本来就容易受到世俗的非难；有独到见解的人，往往会被人诋毁。俗话说，愚笨的人，对已经做过的事情还不明白为什么那样做；聪明的人，在事前就知道怎样才能把事情办好。在新事业开始时不能同一般人去商讨创新的大事，只能让他们去坐享其成。因此，‘论至德者不和于俗，成大功者不谋于众’。只要能使国家富强，就不必沿袭旧制度；只要有利于民，就不必遵守老规矩。”

在这里，公孙鞅批评了秦孝公既想变法图强又举棋不定的矛盾心理。鼓励秦孝公当机立断，不要顾虑太多。同时，公孙鞅也提出了一个重要的见解：治理国家要从实际出发，只要能强国利民，就不必因循守旧。

公孙鞅的观点，得到了秦孝公的积极支持，曰：“善。”但是，公孙鞅一系列明确的观点，引起了甘龙、杜挚等秦国守旧势力的强烈不满。

甘龙首先跳出来反对变法。

他否定公孙鞅的变法论点，引经据典地进行辩驳：“圣人只能在不改变民众习惯的前提下，去进行统治；智者只能在不变更现有制度的情况下，来治理国家。他们因循百姓的习惯去进行教化，不用费力就可以成功；沿袭旧法度而治理国家的，官吏们熟悉而人民也安心。现在如果变法不按秦国的传统办事，天下人肯定要议论国君，这股力量不能轻视，还是希望国君郑重考虑一下吧！”

对此，公孙鞅针锋相对。

他认为：甘龙之论是“世俗之言”。平常人安于老习惯，学究们迷恋自己听熟的老一套，让这两种人挂个官名、守守旧法度是可以的，但不能同他们讨论打破常规的事情。夏、商、周三代礼制各不一样，却都成就了霸业。智者勇于创立新法，笨家伙只能受到旧法的制约；贤者敢于变更礼制，不肖之徒只好受到旧制的约束。受旧礼约束顽固的人，是不值得同他们商量大事的；受旧法制约的人，是不配同他们讨论变革的。国君您再不要受他们困惑了。

杜挚实在忍受不住，站起来大声说道：“我听说，没有百倍的好处，不可以变法，没有十倍的功效，不能够改换祖先的器物。我还听说过：遵循古法不会有过错，依照旧礼不会出现偏差。请国君三思。”

公孙鞅立刻反击道：“前代的礼教各不相同，你究竟效法哪一个朝代呢？各代帝王的礼制并不一样，你究竟遵循哪一个帝王的旧礼呢？”

公孙鞅认为，历来帝王都是适应各自时代的需要来创立法度、根据实际情况来制作礼教的。“礼”与“法”，总是因时、因地、因环境变化而变化的，时代变化了，社会发展了，“礼”与“法”也必然随着发生变化，从来没有一成不变的东西。

据此，公孙鞅提出了自己变法的理论根据：“治世不一道，便国不法古。”意思很明显，治理国家没有一成不变的办法，只要有利于国家，就不应该一味地效法古代。

公孙鞅还认为，商汤、周武王并没有恪守古制，商、周却能兴旺发达，夺得天下。而由他们一手创建的商、周二朝，最后归于灭亡的原因，正是因为不能因时、因地、因环境的变化而进行变革。因此，他请求秦孝公，不要去听信杜挚的迂腐因循之论。

这场大辩论，主要围绕下面几个命题而展开：

第一，先知及后觉之别。公孙鞅提出了“至德者不和于俗，成大功者不谋于众”的著名命题。

第二，革新与循古之别。公孙鞅根据“三代不同礼而王，五霸不同法而霸”的历史事实，得出了“故智者作法，而愚者制焉”的结论。

第三，法、礼变否之别。在辩论的过程中，公孙鞅主张“当时而立法，因事而制礼”，提出了治国之道要从当时的客观实际出发，具体问题具体分析、具体办理的重要命题。

双方针锋相对，争执不休。

最后，由秦孝公拍板结论：“我听说，荒僻小巷的人少见多怪；头脑顽固的学究喜欢无谓的争论。愚蠢的人高兴的，正是聪明的人感到可怜的；狂妄的人所快乐的，正是贤能的人感到忧虑的。他们说的都拘泥于社会上那种庸俗的议论，现在我不再犹豫了。”

一场史无前例的大变革，就这样决定下来了。

今天看来，举办这场大辩论是十分必要的。大辩论固然费神耗时，但是，却解决了许多关键性的问题。

1. 它给保守势力一个良机，让他们公开表白他们的立场与见解。他们在与公孙鞅的交锋过程中，至少表面上也知道了自己存在的问题，引起他们的反思，从而在一定程度上也可能导致一部分保守力量中的明智者改变自己的立场，至少，不再明目张胆地阻挠变法。

2. 它给公孙鞅一个良机，给了他展示自己雄辩的口才及渊博学识的一个平台，给了他在反对派攻击下进一步完善自己变法理论与实战的机会。在这场以寡敌众的大论战中，公孙鞅以他雄辩的口才、超俗的见解、无畏的勇气，驳得反对派方面理屈词穷、哑口无言。通过这次大辩论，公孙鞅以崭新的风貌出现在秦国高层政界，让秦国权要对公孙鞅有了一个初步的认识与了解。对公孙鞅来说，这次亮相十分重要性。也许，这正是秦孝公在决心任用他变法前在政坛上先透出的一股强风，好使秦国上下有心理上的准备与缓冲的余地。

3. 它给秦孝公一个良机，使他了解了朝臣不同的政治主张与能力风貌，并且解除了他在变政上的种种困惑与顾虑，最终使他下定了变法的决心。要知道，秦孝公虽然想通过改革建立霸业，但他本身并无中原文化的素养，对公孙鞅的变法主张也不是一下子就能够做到全盘接受的。

因此，对于任何一方而言，这场大辩论都是成功的。

应当看到，推行任何一场新政，必然会触及到方方面面的利益，特别是既得利益集团的利益。改革从某种程度上说实际上就是一场权力资源、物质资源、社会身份与地位等的重新分配，受到守旧势力的反对是必然的事情。因此，秦孝公在发动变法之前，精心设计一场大辩论，向社会各阶层，尤其是保守派人士展开政治宣传，告诉他们国君的想法与举动，使他们从思想上到行动上有一个认识与接受的转变过程，以此来减弱新的变政对秦国政局可能造成的巨大冲击，这是一个必须做的明智的举动。秦孝公的这一举措，用事实证明了他是一个经验丰富、全局在胸的英明雄主。

通过这场大辩论，秦孝公向社会各阶层发出了一个强烈的信息，告诉他们，一场翻天覆地的改革就要到来，国家领导人将以最坚强的决心及最彻底的措施强力推行。只有认真做好思想准备，认清形势者，才能适应新的环境，否则，政令无情，历史会将其淘汰出局。

不久，秦孝公便任命公孙鞅为左庶长，让他协助自己，主持秦国的变法。谕群臣："今后国政，悉听左庶长施行。有违抗者，与逆旨同！"

这样，中国战国历史上最为壮观的一场大变革即将揭开帷幕。

三、大变革时代

从公元前 359 年起，公孙鞅终于找到了他的人生位置，开始了他名传千载的变法实践。这个平台，是秦孝公给他的，从公孙鞅角度来看，也是他自己付出努力得来的。

现在，公孙鞅已经说服了秦孝公，得到了秦孝公的重用。他的理想的翅膀就要张开了，他能不激动、能不全心全意地投入去证明自己的价值，让世人都知道自己到底是一个什么样的不平凡的人吗？

在变法之前，公孙鞅首先做了一件重要的事，这就是重建民众对政府的信任工程。

其实，把这件事视为建立民众对左庶长公孙鞅的信用，完成民众对这个还不知道来自何处的、正在受到国君信任与重用的人物形成言出必行的认识，似乎更加贴切。

他在国都栎阳的南城门外立起一根高有 3 丈的木杆，派官吏守着，并贴出告示：

左庶长有令：有谁能将此木由南门扛到北门，立刻赏给十金。

按秦汉的货币单位，一金就是一两黄金。哇，把一根木杆从都城南门扛到都城北门，就能得到 10 两黄金。人们一时困惑了，搬动一根木杆，对他们来说，是一件提都不用提的简单小事。正因为太容易了，人们反而都不敢相信自己的眼睛，不敢相信自己的耳朵。因为，这也太不合常情、太不合常理了。

民众对一件看似不起眼事情的第一反应往往就是如此。

但是，南城门口贴的告示上又写得明明白白、清清楚楚。把守木杆的官兵也对前来围观的民众说得清清楚楚、明明白白。

徙木赏金，人们既想赶快搬走木杆得赏金，又怕这是骗局，让别人笑他是幼稚虫、精神病。他们不知道公孙鞅的葫芦里到底卖的是什么药。于是，人越聚越多，观者如潮，议论纷纷，疑惧兼有，但就是没有一个人敢去移走这根木杆。

这种状况，正好符合了公孙鞅的心意。公孙鞅的本意就是，要将民众不相信的这件小事做大做闹，造成前所未有的轰动效应，要让民众揣摸不透他的心事而最终又只能凭其摆布、听其命令。

于是，公孙鞅又让人在原告示旁边贴上了一张新的告示。明确宣布，谁能响应政府号召，将这根木杆搬到北门的，把赏金提升到五十金。

人们更加困惑不解了。

50 两黄金呀！政府该不会是犯病了吧！

各种想法、各种议论，一时间充满栎阳城的大街小巷。

最后，有一个从大老远的乡间来都城赶集的农家汉子，从人群中挤了出来。他对把守木杆的官兵说，“我来扛木头，得不到赏金，总不至于被治罪吧”。于是，人群中又轰动起来。人们像欢送一个重要人物一样，看着汉子、跟着汉子，从南门来到了北门。

当时的栎阳虽为秦国都城，但两门之间相距并不甚远。这个汉子将木杆放到指定的地点之后，公孙鞅马上走了出来。他大声地表扬这个汉子道：“你是一个好百姓，能够听从我的命令。”同时，他命人拿出 50 两黄金，当场送到了这个正在用他的破旧衣衫擦着脸上汗水的穷家汉子手中。

围观的人们傻眼了、后悔了。这个轻松地供一家人生活一辈子都不一定用得尽的重金，就这么被一个穷家汉子拿走了。

有的人叹息，有的人追悔，有的人羡慕。但不管怎样说，人们从此认准了一个死理，左庶长公孙鞅言必行、行必果，说话办事不打折扣。听他的话，没有错，怀疑或违背他的命令，就要倒霉与后悔。

徙木赏金之事像长了翅膀一样很快传遍了整个秦国。其超常的效果，正是公孙鞅想要达到的。他就是要通过一个象征性的动作让人们记住他的铁腕，记住他所掌握的权力。他就是要通过一次震撼民心的举动来达到取信于民的目的。因为，公孙鞅认为，取信于民，是实行变法的基础，决定着变法的成败。

在接下来的岁月里，凭借着秦孝公的全力支持，公孙鞅在秦国大地上掀起了一股变革的大旋风。从经济基础到上层建筑、从人的行为规范到人的观念改变，来了一个伤筋动骨的大变动。

关于公孙鞅变法的内容，多年来，各种学术书籍中都有涉及，人们也皆知其一二，我不想在这里多加置喙。

我只想就几个根本性的问题在这里与读者诸君共同探讨一下，看看是不是这个道理。

（一）奖励耕织、重农抑商

公孙鞅治国思想的核心就是“农战”，其中“农”处在基础的地位。

新法规定，凡粮食和布帛生产得多的人可以免除劳役和赋税。从事商业、手工业和因游手好闲而贫穷的，将其个人，连同妻子、儿女一起没入官府为奴。用司马迁的原话就是“僇力本业，耕织致粟帛多者复其身。事末利及怠而贫者，举以为收孥”（《史记·商君列传》）。国家不许商人买卖粮食、不许开设旅店，通过“贵酒肉之价，重其租，令十倍其朴”、“重关市之税，则农恶商”（《商君书·垦令》）等措施，加强对工商业者的限制，加重他们的徭役和赋税，促使他们尽可能多地破产，从而扩大农业劳动者的队伍。

由于秦国地广人稀，荒地很多，公孙鞅也把奖励开垦荒地作为发展农业生产的重点。他甚至建议秦孝公，采取奖励措施，从秦国以外的三晋地区招徕移民，给予支持，使其为秦国开垦与农耕出力，让更多的秦国本土居民腾出手来成为军人为国家开疆拓土。

公孙鞅的这个改革，奠定了中国几千年传统的重农抑商、重本轻末治国思想的基础。这一思想，被以后历代封建统治者所继承，使中国的经济模式成为单纯的农业经济，使中国的社会成为了一个农业社会。这一思想与举措，对于两千年来中国大一统集权制封建国家的发展与稳定，客观地说，还是功不可没的。

（二）奖励军功，按军功授爵

在重视农本、富利国家的情况下，公孙鞅推出了强兵的政策。其目的是为了实现秦孝公收回河西之地的目标，并进而东进中原，开疆拓土。

与奖励军功联系最密的是爵位制。在公孙鞅变法之前，秦国也有官爵，如上造、大夫、庶长等，但不细密。

功名是一项巨大的荣誉，它的背后存在着巨大的利益，足以吸引人们的眼球、驱动人们的心灵与支配人们的行动。

公孙鞅深谙人们的这种心理，在变法的过程中，对秦的爵制进行了系统的整理，明确规定出了 20 个等级：1. 公士；2. 上造；3. 簪袅；4. 不更；5. 大夫；6. 官大夫；7. 公大夫；8. 公乘；9. 五大夫；10. 左庶长；11. 右庶长；12. 左更；13. 中更；14. 右更；15. 少上造；16. 大上造；17. 驷车庶长；18. 大庶长；19. 关内侯；20. 彻侯。

与官爵配套的，便是规定相应的特权与待遇：

1. 凡在战争中能杀得敌人甲士一人、并取得其首级者，赐爵一级，赐田一顷，宅九亩。

2. 凡在战争中杀得敌人甲首一人，并取得其首级者，可得百石之官。

3. 凡在战争中斩得敌一甲首者，还可役使一人（或一家）为自己的农奴，“除庶子一人”，得五个甲首的即可“隶五家”。

公孙鞅同时规定：无军功者虽是宗室贵族，也不得超越规定的标准多占田宅、臣妾。“宗室非有军功论，不得为属籍。明尊卑爵秩等级，各以差次名田宅，臣妾。衣服以家次。有功者显荣，无功者虽富无所芬华。”（《史记·商君列传》）

公孙鞅还明确规定，严厉禁止私斗，违犯者“各以轻重被刑大小”。

以军功大小为标准来重新确定人们在社会中的政治、经济地位，取消过去以血缘亲疏及世袭制确定功名利益及官爵贵贱的方法，是注定要遭到既得利益者的强烈反对的。

这是因为，既得利益者不是一般的普通百姓，他们或为宗室贵戚，或为达官贵人，手中握有一定的权力，拥有很大的社会影响力。推翻旧的游戏规则重新建立一套新的游戏规则，这是秦国政坛上的一次巨大地震。公孙鞅在此时就已经深深地得罪了秦国的权贵。只不过，他们惧怕秦孝公的惩罚，敢怒不敢言，把心中的怨气与报复情绪压在心底罢了。

另一方面，我们也应当看到，废除世袭爵位，改为以军功大小为标准来确定政治上的尊卑、高低等级，确实调动了秦国下层有志气、有本事但苦于无门第、无门路而不能升迁并取得荣华富贵的民众积极性。

以军功大小授爵，鼓励人们为国家奋勇作战，就是为自己及家庭的美好幸福而战，将国家利益与民众的私人利益有机地高度合二为一，这是公孙鞅运用自己政治智慧的又一项令人赞绝的发明。这一政策，不但把秦人的尚武精神推向了极致，而且更重要的是，公孙鞅以此为手段巧妙地将这种精神转化成了为国家拼死效力的物质力量。

（三）实行连坐，轻罪重罚

在公孙鞅的眼中，严刑峻法是保障他实行富国强兵道路上的卫兵。

他本人就亲口说过："刑生力，力生强。"这里的刑，其实就是法律政令。因为通过刑治确保变法的顺利实施与社会的治安与稳定，是公孙鞅法治思想的一项十分重要的内容。

在变法过程中，公孙鞅把全国居民编入户籍。五家为一伍，二伍为一什，互相监督，一家犯法，其他九家同法治罪，发现有人犯罪要及时报告，"不告奸者腰斩，告奸者与斩敌首同赏，匿奸者与降敌同罚"(《史记·商君列传》)。这种什伍制度，最终成为后代历朝封建国家在乡村实行的保甲制度的滥觞，成为后世封建统治者治理乡村的一个重要的制度来源。

公孙鞅还实行轻罪重罚，主张重其轻者，以刑去刑。"行刑重其轻者。轻者不至，重者不来。是所谓以刑去刑也。"(《韩非子·内储说上》)

在他看来，先人发明断足、黥面、车裂等刑罚，表面上看甚是残暴，但其目的却不是用来伤民，而是为了达到禁奸止过的目的。在重刑面前，老百姓感到恐惧，就不敢轻易地以身试法，做出违法乱纪的事情来了。

在他看来，如果一味地强调量刑公允，以重刑罚重罪，用轻刑罚轻罪，就会让人们去钻法律的空子，容易滋长违法犯罪的心理与行为，不容易达到真正"用刑"的目的。

韩非子说过："公孙鞅之法也重轻罪。重罪者，人之难犯也；而小过者，人之所易去也。使人去其所易，无离其所难，此治之道。夫小过不生，大罪不至。是人无罪而乱不生也。"

为了真正达到以刑去刑的效果，公孙鞅对随便倒垃圾的人也要治以重罪，处以黥刑，对盗窃牛马者更是重判以死刑。

今天看来，公孙鞅确实有其理想家的一面。事实上，任何法令都有它出笼的理由与不足的一面，世界上没有什么事物是能够达到十全十美的标准的。"以刑去刑"有利于政治与社会生活的稳定，但真理往前再走一步，往往就会走向真理的反面，变成谬误，反而达不到目的。"重刑，连其罪，则民不敢试”(《商君书·赏刑》)，并不是绝对的真理。“国无刑民”可能只是治理者心中一种永远的理想，在现实生活中，从人类有阶级、国家生活以来，还未见到哪个国家或地区真正达到过这种理想的境界。

（四）移风易俗，“令民父子兄弟内室内息者为禁。”(《史记·商君列传》)

这是令公孙鞅十分自豪的一件改革成就。

公孙鞅说过：“始秦戎翟之教，父子无别，同室而居。今我更制其教，而为其男女之别。”也就是说，昔日秦国充斥着西戎习俗，父子男女无别，从公孙鞅开始，才下令禁止了父子兄弟姐妹同室而居的陋俗。这条禁令，对于文明程度较高的东方六国或许算不得什么惊天动地的大事情。但是，这件事放在了当时的秦国，却是一件了不起的改革，它促进了人们的人伦规范及观念的变化，有利于小家庭在社会上的普遍确立及伦理文明的进一步发展。

（五）推行郡县制

公孙鞅在秦全国推行郡县制。“集小乡邑聚为县，置令、丞，凡三十一县。”(《史记·商君列传》)

公孙鞅在法令中规定：郡县的长官不能世袭，由国君直接任免。县下设立乡、亭、里等地方机构，直至“什伍”编部的最基层组织。

经过公孙鞅的这一改革，全国的政权、兵权、财权、人事任免权就统统集中到了国君的手中，君主集权的政治体制在秦国以法律制度的形式正式确立。秦国正是凭借这种先进的政体，迅速改变了当时所谓的“国防格局”，从一个落后挨打的西方国家一跃而成为了东方各国的克星。这岂不正应了《周易》里所说的“穷则变，变则通，通则久”的道理。

（六）迁都咸阳

公元前350年，秦国把首都由栎阳迁到了咸阳。

这一决定，是秦孝公与公孙鞅二人高瞻远瞩、同力合作的结果。

1. 随着变法的推进、秦国国力的增强、对魏作战取得的一系列胜利，魏国已经不能再构成对秦国的威胁，斗争中心需要进一步向东转移，栎阳作为都城显然已经完成了它的政治使命。

2. 咸阳位于关中的中心地带，周围物产丰富，交通便利。它北依高原、南临渭水、东扼函谷要关，西拥雍州重地，雄踞甘陇和巴蜀通往中原的要津，东又有水路直通渭水、黄河，用顾祖禹《读史方舆纪要》一书中的原话形容就是真可谓“据天下之上游，制天下之命者也”。

3. 随着变法的成功与对魏战争的胜利，秦孝公的野心进一步膨胀，已经远不满足于当初刚继位时“招贤令”中所说的“强秦”及“复穆公之故地，修穆公之政令”的愿望，他又在现有基础上，产生了“帝业”的冲动。司马迁说：“秦孝公据崤函之固，拥雍州之地，君臣固守而窥周室，有席卷天下、包举宇内、囊括四海之意，并吞八荒之心。”从秦孝公任用公孙鞅在秦国实行伤筋动骨的大变革举动来看，这话的确是一语中的。

公孙鞅在这里大“筑冀阙宫廷”，全力贯彻秦孝公的战略意图，为秦国向东统一天下，在战略上做了进一步准备。

客观地说，迁都咸阳是一件极有远见的事情。从秦国的长远利益上看，值得称道。公孙鞅晚年，贵族赵良曾以大筑宫阙，批评公孙鞅“不以百姓为事”，劳民伤财，看来并非完全尽然。

总之，关于公孙鞅的变法的主要内容，大概也逃不出上述六条，至于细节，本书中不再继续探讨。我只想以此说明，公孙鞅的变法，无论对当时的秦国，还是对以后的中国，都不是一件可有可无的事情。它不但实现了秦孝公的理想，而且为秦王朝统一六国开辟了坚实而广阔的道路。无公孙鞅及其变法，秦恐怕无力得天下，其诸多变法内容对于以后中华两千年之历史，影响之甚之大，已经由后世的历史做了很好的注脚与证明。

四、东进讨魏

随着变法的进一步深入、国家综合力量的迅速增强，秦孝公、公孙鞅开始将东进拓疆提上了议事的日程。

在公孙鞅的心中，一直没有忘记魏惠王对他的冷落与忽视。他早就想通过兵戎相见，让魏惠王睁开他那昏睡的眼睛，看一看他昔日瞧不起的小人物到底是一个怎样的能人。他要用实际的行动让魏惠王悔肠百结，寸心欲断。

在公孙鞅看来，对一个人实施最大的惩罚，不是砍头与剐身，那是让人一了百了的简单事情。报复人的最高境界，就是要打乱他心中的平衡，打掉他高贵的自信，打造他心中的地狱，让他的灵魂整日生活在追悔莫及的煎熬难受之中，生活在恐惧不安的阴影里面，让他对做过的错事付出千百倍的代价，让他生不如死。

多年的积怨，一旦要求索还，那代价将会是极为可怕的。

现在，公孙鞅有这个条件了，他能不去发泄一下隐藏在心中多年的不快吗？

况且，国君秦孝公时时挂在心中的“且欲东伐，复穆公之故地，修穆公之政令”的心愿也一直还未得到实现。这是取悦国君的最好礼物，聪明能干而富于心机的公孙鞅能不为之付出全身的力气吗？

这是一个公事与私心完美结合的事业，是一个无论于秦孝公还是公孙鞅都愿意积极进取的双赢事业。

不达目的，誓不罢休。

看来，魏惠王真的有麻烦事了。

恰恰这个时候，东方各国战云密布。秦孝公八年（前354），一场国际性的大战爆发了。

事情起因于赵国进攻卫国，企图迫使卫国朝赵。

卫国四处强邻，左右不敢得罪，就像一只可怜巴巴的羔羊，不知道哪一天就会被周围的恶狼咬上一口。

卫国原来是入朝于它西部的魏国的，但当北方的强邻赵国向它发起进攻的时候，势单力薄的卫国没奈何只得转而入朝于赵国，赵国此举自然引起了魏国的强烈不满与武力干涉。

于是，魏惠王派兵包围了赵国的都城邯郸。赵国坚持到第二年，不得不派人向齐国和楚国求救。

齐、卫、宋联合发兵攻魏，楚军也去偷袭魏国的南方。

公元前 353 年十月，魏军攻破了赵都邯郸，齐军在桂林大败魏军，楚军则趁机夺取了魏的睢水间的大片土地。转过年，魏又联合韩国的军队在襄阳打败齐、宋、卫联军。

经过这场持续了三年之久的厮杀，东方的几匹野狼都已经喘着粗气，精疲力竭。这种状况，给西方的醒狮秦国提供了东进伐魏、收复失地的机会。

公元前 354 年，趁魏、赵大战邯郸之际，秦军开始东进伐魏，在元里一战，大获全胜，斩魏军将士首级七千，夺取了魏的少梁，这是秦国自公孙鞅变法以来取得的第一次军事上的重大胜利。

公元前 352 年，公孙鞅调升为大良造，掌握了秦国的军政大权。趁魏与中原各国正在酣战，无暇西顾的形势，公孙鞅率领大军，穿过河西，直奔魏国的旧都安邑，将之夺为秦国之物。直到这个时候，魏惠王才真正领教了公孙鞅的厉害，感到非常的后悔，连声大呼："寡人恨不听公叔痤的话啊。"

可惜，太晚了。

紧接着，公孙鞅又乘魏与齐、赵等国议和之机，率领精兵奔袭正在筑魏长城以防秦的固阳，迫使守军投降。魏国门户开始全面暴露在东进秦军的面前。

但是，上述的三次袭击还只不过是公孙鞅的锋芒小试。

在战略上，秦、魏是不能并立的，不是你死，就是我活。这一点，公孙鞅早已成竹在胸。

公元前 342 年，面对魏国在马陵被齐国打得落花流水、国运日衰的状况，公孙鞅向秦孝公建议：

秦之与魏，譬若人之有腹心疾，非魏并秦，秦即并魏。何者？魏居领阨之西，都安邑。与秦界河而独擅山东之利。利西则侵秦，病则东收地。今以君之贤圣，国赖以盛。而魏往年大破于齐，诸侯叛之，可因此时伐魏。魏不支秦，必东徙。东徙，秦据河山之固，东乡以制诸侯，此帝王之业也。(《史记·商君列传》)

这就是说，在公孙鞅的眼中，魏国与秦国，二者不能并存，必须死去一个，不是秦灭魏，就是魏灭秦，这个客观形势是不能改变的。现在，魏国陷于中原战争的泥潭，正是秦国收复河西之地，实现秦孝公“复穆公之失地”的大好机会。机不可失，时不再来。作为一个极端的功利主义者，公孙鞅岂能白白地错过这个机会。

在秦国君臣图魏的同时，魏惠王也正在积极安排着报复秦国。

公元前 344 年，从魏都大梁传来消息，魏国正在日夜操练军队，并派出使节穿梭往来于宋、卫、邹、鲁、陈、蔡等国家之间，准备以带领十二诸侯朝天子的名义，对秦国举行一次大规模的讨伐。

咸阳震动了。

秦孝公失眠了。

这时的公孙鞅，再一次显露出了他超众的智慧与冷静。

他向秦孝公分析道：

“看来，单靠秦国一国，纵使全力以赴，万幸而能存国，也定然损失惨重，只能视为下策。若能说动齐、楚来救，是为中策。但齐、楚皆有亡我之心，即使答应出兵，也必在我损兵折将接近危亡之时。他们出兵的目的无非是为了分赃。臣熟思三日，以为解困的上策是齐、楚等国不由我请而自行怒而奋起反魏。那么秦国边境非但可以不费一兵一卒而固若金汤，而且还可以趁大梁受困难以自保之时，迅速出兵，收复河西之地。”

接着，公孙鞅主动请缨去实施他的移花接木的计策。

早年在魏国，公孙鞅就没少对魏惠王进行研究与揣摸。尽管公孙鞅没有能够得到魏惠王的重用，但对魏惠王好大喜功、重虚而不务实的特点还是了然于胸的。魏国在魏文侯、魏武侯时经过李悝、吴起变法好不容易积攒下来的一点儿资本，经过庸陋浅薄的魏惠王的一顿瞎折腾，已经所剩无几了。

而这，正是公孙鞅心中窃喜的事情。

眼下，秦国危在旦夕，公孙鞅决定去魏亲自游说欺骗魏惠王，让他取消纠集列国讨秦的计划，同时，还要唆使魏国进攻楚、齐，使之继续战争，从而让秦国从中渔利。

公孙鞅真的去了魏国，他迎合着魏惠王一心想称帝王的心理，劝他“大王不如先行王服，然后图齐楚”（《战国策·齐策五》），并做出秦国坚决支持魏王称帝的许诺。早有称帝野心的魏惠王果然上当，列国伐秦计划不但受挫，魏国倒因为得罪了列国而重新陷入四面楚歌的战争泥潭之中。

孙子不是说过“上兵伐谋，其次伐交，其下攻城，攻城之法，为不得已”之类的话吗？

公孙鞅的削魏计划，正是贯彻了孙子的最高明的计策，即消灭敌国的阴谋与计划于无形，其次是破坏敌国的盟交，在外交上，挫败他们的携手合秦的计划。

公孙鞅所以能够取得成功，关建是在于他揣摸透了魏惠王内心深处的想法，正确地预测了当时东方各国之间的互相争夺攻伐的矛盾是不可避免的客观态势。

据《战国策》中的《齐策·五》中记载：

“魏王悦于卫鞅之言也，故身广公宫，制丹衣柱，建九斿，从七星之旟。此天子之位也，而魏王处之。于是齐、楚怒，诸侯奔齐，齐人伐魏，杀其太子，覆其十万之军。魏王大怒，跣行按兵于国，而东次于齐，然后天下乃舍之。当是时，秦王垂拱受西河之外，而不以德魏王。”

魏惠王因为虚荣心所驱使，竟然被公孙鞅的一句空话，骗得光着脚东奔西忙，落得个列国叛之、伐之，不仅帝王没有做上，相反，丧师失地。魏国从此转盛为衰。

中国历史上像魏惠王这样的大傻瓜，各代不乏其人。三国时袁术就是魏惠王的翻版。他们都是手中拥有了一点点资本，心中欲望就无限地膨胀起来，也不看看自己吃几两干饭、不看看天下有没有取得成功的形势，就急急然皇袍加身，闭其门做只有自己承认自己的天子，结果，他们都为天下所弃，众叛亲离，不得善终，为人嗤笑。相反，聪明人也有，如曹操、朱元璋类。他们都深知实力是决定一切的因素这个简单的道理。他们也都是南面称寡，但是，他们不是急于皇袍加身，而是努力打造自己横行天下的实力与能力。机会不成熟，他们绝不会盲目乱干。

曹操戎马一生，挟天子以令诸侯，三分天下有其二，晚年尚能头脑清醒地拒绝孙权上书劝进的建议，认为这是孙权将他放到火炉上烤，是不安好心的馊主意。

朱元璋接受朱升的“高筑墙，广积粮，缓称王”的建议，让做反王的出头椽子先在元军一个个进攻下烂去，待各方精疲力竭的时候，他再渔翁得利，出来轻而易举地取得了天下。

看来，如何才能真正做上天子，这还真是一门学问。魏惠王傻气十足的小丑式的表演，作为反面教材，足以警诫后人。

接着，秦孝公采纳公孙鞅的建议，立刻任命公孙鞅为大将，率兵收复河西之地。

《史记·商君列传》中这么记载：

军既相距，卫鞅将公子卬书曰："吾始与公子欢，今俱为两国将，不忍相攻，可与公子面相见，盟，乐饮而罢兵，以安秦魏。"魏公子卬为然。会盟已，饮，而卫鞅伏甲士而袭虏魏公子卬，因其军，尽破之以归秦。

从司马迁的这段记载中，足见公孙鞅这次战胜魏军使用的是"兵不厌诈"的计策。在军事战争中，这无疑是一个有价值的成功范例。

公子卬与公孙鞅虽为两国敌军将帅，但昔日却是志同道合的密友。当初公子卬为了让魏惠王重用公孙鞅，在魏王面前没少下功夫。两人的友情，为当时人所熟知。公孙鞅以朋友的信用作担保，来欺骗公子卬，虽然取得了重大的军事胜利，一时达到了他多年来处心积虑的军事目的。但是，从长远上看，这一做法却未必高明。出卖旧时的朋友以换取功名，这实际上为秦魏两国都不容。从此，他就不仅没有了真正的朋友，而且秦国君臣也不敢在心理上太相信他了。以道德与信用来透支功名，日后证明，公孙鞅付出的代价太大了。

秦国收复了河西之地，就掌握了黄河天堑，东进的门户已被打开，秦孝公在昔日"求贤令"中提出的"强秦""复穆公之故地"的目标已经实现。

凯旋而归的公孙鞅，达到了他一生中事业的顶峰。秦孝公亲至东郊，隆重地迎接他的归来，同时兑现了自己“有能强秦者，吾且尊官，与之分土”的丰厚支票。“卫鞅既破魏还，秦封之於、商十五邑，号为商君。”（《史记·商君列传》）

公孙鞅从青年时就孜孜以求的功名与事业，终于在他的多年不懈努力下变成了现实。

为了这一天，从他至秦之日算起，已经将近 20 年了！

五、不幸的结局

常言道：日满则坠，月满则亏。

公孙鞅在帮助秦孝公推行变法，实现“强秦”，在通过一系列军事行动，夺回河西之地，达到“消魏”的目的时，他的人生与事业也就达到了巅峰。

巅峰其实是一种危险。没有人能够在巅峰上长久地停留。

果然，不出两年，在公元前 338 年，全身心支持变法的秦孝公便因劳累过度而英年早逝。

同一年，为秦国富强与自己功名而发奋了 20 年的公孙鞅，也便从权力的巅峰上跌落下来，不仅自己，而且连累全家人一起跌进了苦难的地狱。

今天看来，理想主义者的结局总是残酷得使人不忍回首，总是令人止不住地扼腕叹息。从古及今，人们都在为理想所吸引，为理想而奋斗，却很少有人能真正品尝到由理想结出的幸福果实。

从历史上来看，秦孝公与公孙鞅，确是一对事业上的天生搭档。如果说公孙鞅是秦国变法运动的设计师与执行人的话，那么，秦孝公则是这次变法运动的监护人与支持者。秦国变法运动能够最终如此顺利地取得成功，没有秦孝公的理解与自始至终的鼎力支持，是很难做到的。

在公孙鞅变法前不久，吴起在楚国也推行了变法，但因为触动了贵族集团的特权和利益，遭到了他们一致坚决的反对。虽然楚悼王信任与支持吴起，怎奈这股守旧势力太大，在做他们的说服工作中，楚悼王终因劳累很快去世。就在楚悼王尸骨未寒的灵前，楚国贵族联合起来，残忍地杀死了吴起并将他五马分尸。

距离公孙鞅变法1000多年后，中国北宋大地上，也发生过一场王安石变法，与公孙鞅的变法目的颇为接近，旨在富国强兵。但王安石却没有公孙鞅那样的运气，其监护人宋神宗虽然也急于通过变法来挽救统治危机，但是他性格犹豫，在做事方式上不如秦孝公那样圆融与彻底。当然，王安石也不是公孙鞅，没有公孙鞅那种为功名敢于拼出一切的劲头。最终，在宋神宗积劳成疾去世后，保守派掌权，新法尽废。在这一新一旧的混乱中，北宋也被搞得疲倦不堪，终至亡国。

对比来看，如果从实现人的使命与人生价值的角度来观察，我们禁不住地要为公孙鞅能够遇到秦孝公而感到庆幸。

秦孝公贤明、有能力、有志向而且又年轻。能够遇到这样一位胸襟豁达的君主，公孙鞅实在是太幸运了。

天下有本事的人多了去，哪里就缺你一个公孙鞅。“世有伯乐，然后有千里马。千里马常有，而伯乐不常有。”公孙鞅就是有天大的本事，如果遇到的是一个不识相的主人，他这匹千里马还不是得最终老死槽下，一事无成。当初公孙鞅满怀希望地在魏国一待就是四五年，还不是由于魏惠王不赏识而空怀一身本事？

话又说回来，魏惠王与秦孝公毕竟是两个不同层次上的重量级选手。

虽然魏惠王也在到处笼络寻找人才，虽然他也想称王称霸，虽然也能够幸运地拥有先人传下来的一份丰厚的家业，虽然像公孙鞅、孙膑这样的文武全才都曾经投奔到他的帐前，但他的不识人的眼睛、刚愎自用的性格以及好大喜功的做派却把这些优势全都抵消得干干净净。

我经常猜想，如果历史能够倒回来再演一遍，假设魏惠王接受了宰相公叔痤的临终建议，最终留任重用了公孙鞅，那么，后来的中国历史会是一种什么样的结局与变化？会不会是魏国不断强大，直至由它来一统天下？经过反复的推理与思忖，我还是不得不得出这样的结论：魏国不是秦国，它身上背着太多的历史包袱，没有公孙鞅这样个性的人彻底施展才华的空间与土壤；魏惠王也不是秦孝公，他不可能把公孙鞅推到政治舞台上的聚光灯前，让耀眼的光芒，长时间地全部倾洒在公孙鞅的身上。他没有秦孝公要把国家彻底治理好的志气以及信人不疑、用人彻底的胸襟。在这一点上，魏惠王根本无法同秦孝公相提并论。如果公孙鞅留在魏国，他也不可能得到魏惠王的全力支持而真正地推行他的理想。他不可能在魏国做出像在秦国那样名留青史并且深刻地影响到了中国后来历史进程的伟大事业来。

作为秦国国君，秦孝公不仅是一个现实主义者，而且更是一个理想主义者。

他在“招贤令”中提出的“强秦”目标，实际上就是一个理想主义的蓝图。因为“强秦”这个目标的可塑性非常大。它可大可小，可远可近，可长可短。在我的理解中，这很可能就是秦孝公给他自己制定的要终身努力的最高目标。至于秦国要在他的领导下强到什么程度，达到什么样的目标，才叫强，秦孝公没有明确的界定。也许，这正是秦孝公高明的地方。

他在“招贤令”中提出的“复穆公之故地，修穆公之政令”基本上可以视作为他要实现的目标。或许在秦孝公看来，实现这一目标是现实的，是一定能够在他的任内做到的。但我们如果稍微再深入思考一下，就会发现，即使这一目标，也是一个很大很宏伟的计划。至少，在秦孝公的父亲秦献公的手中，就根本没有能看到有实现这一目标的可能。即使在秦孝公的任内，也是在奋斗了20余年才最终将这一目标变成了现实。

但是，在我看来，正是因为这种理想主义的气质与个性，秦国才最终在秦孝公的手中，真正由一个西方大国最终走向“世界”，直至统一天下。

试想一下，如果没有理想的驱动，秦孝公何至于在即位的当年就向天下发布了“招贤令”。如果没有理想的驱动，在前两次召见公孙鞅的过程中，面对公孙鞅滔滔不绝的迂阔的所谓三皇五帝神圣事，毫无兴趣的秦孝公，如何能耐心地等待他唠叨完！要知道，秦孝公当年也不过还只是一位20多岁的热血青年，要是没有一定理想的支配，他是不会如此苦了自己的。紧接着，从孝公第三次、第四次继续召见公孙鞅这位外籍人士，更可以看到秦孝公理想的远大，以及他难得的气度、胸襟与求贤若渴的品质。

听到公孙鞅的富国强兵之策，秦孝公立即大喜过望，“不自知膝之前于席也。语数日不厌”(《史记·商君列传》)。这个生动的历史事实充分展示了这位年轻国君急想有所作为的一面，这种童稚般的热情与激情，也许正是许多杰出并有所成就的领袖所共有的魅力。

秦孝公在位24年便去世，死时正值45岁的壮年时期，很有可能与他过度操劳国事有关。因为从现有的各种历史资料中，并没有发现这位有为君主有别的有伤身体的嗜好，如纵欲过度、荒嬉过度等。相反，历史材料上所记载的都是他严肃工作，专注于秦国富强大业的事实。我们可以推断，这位有为君王如果不是死于暴病，基本上就可以认为是因改革大业劳累过度、油尽灯枯的结果。

从史料记载来看，公孙鞅是位外籍政客，本身在秦国没有一点儿人脉基础，他所以能够顺利地推行变法的法令，完全是因为秦孝公的全力支持。因为，真正能够推动变法，迫使全国臣民严格遵从实行的，并不是公孙鞅，而是站在幕后的身为国家最高掌舵人的秦孝公。

公孙鞅变法使秦国从经济基础到上层建筑都进行了全新的大变动，触动了上上下下各方面的、各阶层的利益，反对之人当不在少数；加上公孙鞅的个性，为人“刻薄”、严酷果断、轻罪重罚、不留情面，这就为秦孝公的日常工作无形中增加了许多难度。秦孝公既要耐心说服或强迫本土势力接受公孙鞅的改革事实，又要承担这场改革运动的风险与失败的责任。这可不是一件容易的事情。它足以使一个人在强大的压力之下损坏健康而最终丧命。这是翻天覆地的大变革运动必须付出的代价。春秋末年的楚悼王、北宋中期的宋神宗概莫能外。

这是一个宿命，理想主义者的悲剧宿命。

秦孝公刚死，腥风血雨便铺天盖地向公孙鞅直扑过来。

继位的太子驷，刚刚坐上龙椅，周围的旧贵族便纷纷将他包围起来，诬告公孙鞅欲行谋反。

公孙鞅的命运危在旦夕。

也许，自来到秦国，获得孝公信任重用以来，公孙鞅已经忘记了，他本来不过是一名宾客而已，他体内流的是中原卫国的血，和嬴秦没有任何关系；他忽略了，信任与支持他变法的，当权派中只有秦孝公一人，而不是那些根深蒂固、人数众多的贵族官僚。也许，在公孙鞅看来，信任他的孝公比他年轻 10 多岁，只要孝公健在，他就不怕什么风吹草动。但是，智者千虑，必有一失。没想到，他策划并进行的这场改革事业，从决策到执行，要理顺整个过程中复复杂杂的人际关系，巨大的压力，已经把秦孝公彻底累垮了！

就在秦孝公去世前五个月的一天，有一个名叫赵良的秦国人，已经敏锐地观察到了这一点。

俗话说，旁观者清。尽管赵良对公孙鞅的变法也抱着反对的态度，但他敬重公孙鞅拼命实干的精神。他看出公孙鞅处境危险，出于一片真诚，前去劝说公孙鞅，悬崖勒马，回头是岸；交出权力，交出封地，到秦国偏远地方去做一个富家翁，颐养天年。公孙鞅虽然真诚地接待了赵良，但却否定了他提出的赎救建议。以公孙鞅的个性与处事方式，他是不会走回头路、停下还在疾驰的战马的。何况，他凭半生的心血打拼而来的於、商封地，是他一生功名的广告牌，是他为后代造福的根据地。失去权力，再失去封地，就等于彻底否定了自己前半生的努力与成就，不要说是公孙鞅，就是换上我们碌碌之辈恐怕也一时难以下定决心。但是，不交出权力和封地，就必须交出自己的生命。二者只能选择其一。公孙鞅的悲剧人生就在这稍纵即逝的瞬间注定了。

果然，五个月后，秦孝公因疾劳成疾，英年早逝。太子驷继位，便是秦惠文公。

一朝天子一朝臣。

新君不用旧臣，这是一条铁定的政治法则，几千年来，谁也逃脱不了这幕铁网的制约。作为先王重臣，公孙鞅官爵至大良造，已经相当于其他诸侯国国相的职位。国相无权率领军队，而公孙鞅则军政大权于一身，秦孝公对其言听计从，加上於、商之地十五邑，公孙鞅的权势已经达到了无以复加的程度。换上任何一个新上任的君王，都不可能不对之深深加以关注与忌讳。何况，秦惠文公并不是一个庸陋无能的君王，他并不想做一个有名无实的国君。

因此，在第一次朝会中，善于揣摩国君意图的公子虔和公孙贾立刻跳了出来。他们援引“大臣重则国危，左右重则身危”的古训，并进而分析，公孙鞅立法治秦，秦国虽治，但国中老少男女都只说商君之法，而不说秦国之法，如今又加封采邑十五，权位已极，势必谋叛。望君上立刻明断，切莫养虎贻患！

这些话，秦惠文公不仅全部听进了耳朵而且深表其然。

于是，秦惠文公借此下令收缴公孙鞅的相印及兵权，命他立即从咸阳走人，回到封地於、商去。

但是，聪明而精通政治的秦惠文公是不会就这样轻易地放过公孙鞅的。

一则，在早年变法时，公孙鞅对他的定罪及惩罚，他还历历在目，心中之恨未除；

二则，商君相秦十年，宗室贵族怨者很多，民众也苦不堪言、苦不敢言。借公孙鞅的人头安抚人心、收买人望、增强政治凝聚力，又何乐而不为？

三则，公孙鞅之令之人的影响已经深入秦国各个角落，借公孙鞅人头做文章，正可晓喻天下民众，借此迅速建立自己的威信。

四则，“飞鸟尽，良弓藏；狡兔死，走狗烹。”变法已经20余年，公孙鞅的使命已经基本完成，该到了借他的人头为改革中的被伤害者表示慰抚的时候了。

这样，公孙鞅就死定了。

新上任的秦国国君，采取了逼反的高明策略。

对于公孙鞅这样一个深得先君信任、重用，而且为秦国服务了20余年的重臣，要杀他也必须找一个高明的借口，否则，各国会议论，民间会议论，但根据20余年的从政生涯，已经使秦惠文公太了解公孙鞅的个性与为人了。他知道，公孙鞅是不会甘心束手走上绝路的，只要自己再加一把火，公孙鞅就会狗急跳墙，叛逃或谋反的。

就在这最后的危急关头，公孙鞅似乎还没有嗅到即将到来的血腥气味。

也许，在功成名就之后，他的政治敏感性已经大大地退化了。在他辞庙返回封地时，还特意再用了一次犹如国君的威仪。很可能，在公孙鞅看来，这是他最后一次临朝听政、指点江山的机会了，他要给自己的前半生从政生涯画上一个圆满的句号，他也想让咸阳的文武百官知道，他虎去风犹在。

公孙鞅觉得自己需要有这样一个结尾，他的政敌也正需要他再显摆这么一次威风。

公子虔、公孙贾立即禀奏："这叛贼已撤去相位，竟然还敢僭拟王者仪制，倘若任其回归商、於，必然后患无穷！"

当年曾在朝堂上与公孙鞅做过激烈争论，受到公孙鞅挫辱的甘龙、杜挚，也急急赶来做了同样的禀奏。

秦惠文公等的就是这样的罪状，他立刻命令公孙贾率领武士三千去追赶公孙鞅，斩首来报。

公孙鞅闻迅，赶忙扮成卒隶带着妻儿老母仓皇出逃。奔至函谷关时，看看天色已晚，便往旅店投宿，但公孙鞅没有公函证明，便被不客气地拒在门外。店主告诉公孙鞅："商君之法，舍人无验者坐之。"面对此情此景，公孙鞅不觉地喟然长叹："嗟乎，为法之敝一至此哉！"（《史记·商君列传》）

这就是"作法自毙"成语的来历。

没办法，趁夜色，公孙鞅等人混出了函谷关，企图奔魏，但因公子卬事件，魏人已对公孙鞅产生极大的不信任，他们以"陷人于危，必同其难"的理由将公孙鞅赶回了秦国。在万般无奈的情况下，公孙鞅只好逃回自己的封地於、商，组织子弟兵，准备作孤注一掷式的抵抗。但惠文公很快派出大军，粉碎了公孙鞅有限的一点儿军事力量，在郑国黾池将他抓获，施以六种死刑中最残酷的一种：车裂。

惠文公指着公孙鞅的尸首说："今后有敢造反者，公孙鞅就是他的下场！"

覆巢之下，岂有完卵，公孙鞅一家也全部惨遭杀戮。

一个理想者，就这样为他的理想，将自己及其全家的生命献上了祭坛。

事实上，惠文公处死公孙鞅，并不是要否定公孙鞅的作为，更不意味着要在秦国恢复公孙鞅变法之前的旧制度。公孙鞅的变法在秦国推行了21年，已经深入人心，连妇孺童稚都能言"商君之法"。变法给秦国带来的好处，惠文公心中清清楚楚。对于新法的成果，惠文公不但没有废止，而且全盘继承，甚至还有所发展。这说明，惠文公是一个合格有为的君主。

关于公孙鞅的死因，司马迁在《史记》中曾有这样的分析：

商君，其天资刻薄人也。迹其欲干孝公以帝王术，挟持浮说，非其质也。且所因由嬖臣，及得用，刑公子虔，欺魏将卬，不师赵良之言，亦足发明商君之少恩矣。余尝读商君开塞耕战书，与其人行事相类。卒受恶名于秦，有以也夫！

按照司马迁的说法，公孙鞅之死是因为他做人行事"刻薄""少恩"，这是不错的。但是，这绝不是公孙鞅一定要死的根本理由。秦惠文公之所以要除掉公孙鞅，真正的原因只有一个：公孙鞅在秦国权大势重，已经构成了对秦惠文公的潜在威胁。

从更深刻的层面上讲，公孙鞅之死，也不是死在秦惠文公的手中，而是死在中国传统政治的潜规则中。君相之争一直是中国几千年政治权力斗争的一种常见的现象。新即位的君主对于前朝留下的宰相重臣没有几个是继续加以重用的。任何一位新君，只要想建立自己的权力统治，都不能不把一切人们不满意的东西都推给前朝，而把一切好的都记在自己的名下。除非有万不得已的特别情况，先君的光辉形象是绝对不能损坏的。最有效最直接的办法，莫过于推出像公孙鞅这样一个颇有民愤、个人品性又有瑕疵的人出来，使他成为前朝所有过失的箭靶，杀之以安抚民众，又可借以收走权臣的权力，树立自己的权威。明朝崇祯皇帝诛杀魏忠贤、清朝嘉庆皇帝诛杀和珅，无不是这一法则在历史长河中变相的继续。所以，即使继位的不是惠文公，公孙鞅侥幸不被车裂，也绝不会有太好的下场；所以，即使没有公子虔、公孙贾的挟机报复，秦惠文公迟早也要借个题目做成这篇文章。

处死公孙鞅后，秦惠文公并没有重用公子虔等宗室贵族。在其统治的 27 年间，没有一个无功无能的宗室贵族得到过高官显爵。公孙鞅人虽亡政未息，其变法措施继续在秦国大地上成长壮大，直至成为参天大树，庇荫秦始皇统一六国，兼并天下。这样看来，如果撇开个体生命的得失，放在历史的长河中来评估人生的价值与长生之道，我们还是要为公孙鞅这位理想者感到庆幸，毕竟人生只有百年，不过瞬间即逝，能够用肉体生命来创造精神不朽与永生，这才是真正的不老与长生之道。

六、商君的罪愆

人人都在说：不以成败论英雄。但是，趋利避害，乃人之常情。在人们的天性中，“天下熙熙，皆为利来；天下攘攘，皆为利往”，这是司马迁在洞察人心世情后得出的感叹。按照司马迁的语调，我也补上一句，就是：“天下熙熙，皆为益来；天下攘攘，皆为益往。”

无疑的，公孙鞅是一个成功的英雄。因为，他想做的，他都做了；

他不想做的，他也做了。他想要的，他都得到了；他不想要的，他也得到了。生前的功名，死后的荣耀，一股脑地都堆积在他的身上，他想躲都躲不掉。

无疑的，公孙鞅是一个成功的英雄。因为，他敢于拉下脸来，做一个真正的小人。他光明磊落，去夺取功名荣誉。他敢于明着算计朋友，明着去干坏事，只要对他的事业与功名有益有利，他就不惜一切代价地去办到，他才不管前方道路上是人是鬼呢！试问一下，这种只做真小人，不做伪君子的真诚，世上又有几人能达到此境界？

无疑的，公孙鞅是一个成功的英雄。因为，他用他的智慧与汗水，为秦国兼并天下谋划出了一条切实可行的道路。他让他的国君秦孝公露出了满意的微笑，在临终前没有留下任何遗憾的言语。他让后世中国封建社会的政治体制与一些思维方式按他的模式凯歌行进。他让在他身后一千余年的把眼睛只盯在天上的拗相公王安石，情不自禁地低下了高傲的头，真心诚意地赞美道：“自古驱民在信诚，一言为重百金轻。今人未可非公孙鞅，公孙鞅能令政必行。”

中国几千年的历史上，发生了无数次的改革运动，掰开指头数一数，光是名载史册的大的变法就有春秋时期的李悝变法、吴起变法；北宋时期的王安石变法；明朝中叶的张居正变法；清朝末年的康有为变法……但是，无论在公孙鞅之前的先人举动，还是在公孙鞅身后的晚辈成果，哪一个变法运动能与公孙鞅的变法气魄相媲美？

要知道，公孙鞅变的，可是秦国的一国之政。推行的时间，也长达20年之久。在他死后，新法照旧不废，继续发扬光大。无论在变法的广度与深度上，中国历史上没有一次变法能与之并肩。

成功归成功，回首两千多年的中国历史，回首两千多年的中国人的生活，我也要说，公孙鞅是中华民族一大罪人。他的一些偏激的思想与理论，对中国历史与文化的发展起到了消极甚至有害的作用，或者说放在中华民族的历史长河中看，是一种罪孽。

在中国，开集权统治先河的是秦政府，而其发明创始人却是公孙鞅。

是他在秦国，首开试验场，把百姓当牧羊、当工具，把无限的权力，从百姓手中收回奉献到君王掌中。结果是，君王的威势得到了无限的扩张，老百姓的生存空间却遭到了倾巢的挤压。这一丑陋和残酷，很快被秦国历代国君所继承，到了秦始皇的手中，已演化到了无以复加的地步。这一丑陋和残酷，像传染病一样，深深地遗传给了后世的历代君王，他们一方面没有任何限制地滥施手中的权力，将百姓万民当牲口，随意屠杀与驱赶；一方面怕把百姓逼急了起来造反，又心虚地用儒、道、佛中的一些所谓的天命迷信来从思想上麻醉百姓、控制百姓。结果正如鲁迅所说，中国两千年来的历史，就变成了人吃人的历史，变成了帝王将相吃下层劳苦民众的历史。在这样的历史环境中，老百姓自己没有了自己的灵魂，自己没有了自己的自由，自己没有了自己的生命，自己没有了支配自己命运的权力。沉默啊，沉默！不在沉默中爆发，就在沉默中灭亡。怪不得谭嗣同在清末大声疾呼，中国两千年政体，秦制也。

在中国，开愚民政策先河的也是公孙鞅。

虽然老聃在他的《道德经》中也大肆宣扬："是以圣人之治，虚其心，实其腹，弱其志，强其骨。常使民无知无欲。使夫知者，不敢为也。为无为，则无不治。"但他也不过只是张开嘴巴说说而已，乱发表一通意见或见解，听也罢，信也罢，随人们去任意思想罢了。但公孙鞅就不一样了。他用制度将民众终生限制在一块土地上，不让民众读书学习，烧毁诗书，放弃文化建设的重任；强迫民众以吏为师，强迫民众接受统治者做出的虚假榜样。结果是，老百姓失去了大脑的思考机能，只能跟在官吏屁股后面，像机器一样为专制君王运转与服务。这种愚民政策，在秦始皇的手中发展成“焚书坑儒”的事件，在后来的历代帝王君主手中，则演化为严厉无比的“文字狱”。结果，两千年来发达的文化，不是劳动人民改造自然、改造社会的文明演化，而是权力至上、利益至上、尔虞我诈、钩心斗角的人与人之间倾轧争斗的畸形的官场文化的发达。这，也许就是中国文化最终没能成为世界龙头文化的祸源。

在中国，公孙鞅用国家法律的手段，剥夺了人们在日常生活中的隐私权，开了人与人之间互相揭发、不留一点儿人性情面的坏头。

“令民为什伍，而相牧司连坐。不告者腰斩，告奸者与斩敌者同赏”。

用法令明文规定人有告奸的义务，这是公孙鞅的一大发明。

不告者严惩，告奸者重赏。这种方式传出的信息是，揭发人是政府提倡的，那还会有错？中国人的传统思维是一直跟着政府走的，谁都知道，风气与习惯一旦形成，便会延续下去成为惯性，并深刻地影响到人的精神与心理。

在中国，公孙鞅切断了中国往商业社会迈进的可能性，使中国社会两千多年来一直在一个以农为主的封闭的农耕社会里徘徊与循环。

公孙鞅治国的指导思想是“农战”，也就是说，以农为本，以农求富，以农养战。发展农业经济的目的主要还不是富国，而是为其对外发动战争提供充足的物质保障和兵员保障。在公孙鞅的眼中，以农为本，发展农业，就必须消灭商人，最大程度地抵制与取消商人的存在。在他的心目中，农商不并存，二者只能择其一，而且，还必须选择农业经济。也许，公孙鞅在他那个时代提出并实施的重农抑商的政策，自有它的应时性与合理性的一面。但由于他重农抑商的目的主要还不是为了富国富民，而是为了具备发动战争、拓土开疆的能力，因而，这种政策与导向的结果并不能最终达到国治民富的目的，相反，在不断战争的损耗中，最后的结果必然是国弱民疲，经济落后。遗憾的是，公孙鞅这种以农为本，以工商为末，重农抑商的做法，因为秦统一中国而被历代统治者全盘照单接受过来，成为被国人心理上彻底认可和封建政府两千多年来一直贯彻执行的一种治国方针。只是到了近代以来，国人在吃够了西方列强的“船坚炮利”和“商战”的苦头后，才开始重新审视自己，学习西方，逐渐改辙易图，工商业才在新的历史条件下得到重视与倡导。

第三章

言辨家张仪相秦术

张仪虽然为秦国的强大，呕心沥血了20余年，但他并未得到秦孝公支持公孙鞅般的待遇。在秦国，张仪不过是一个高级外交官，他从来就没拥有过实际的军政大权。张仪所以会放弃武装军事干预，而冒着生命危险靠舌头奔走于危险丛生的国际间，不断使用阴谋欺诈的手段，自有他不得已的苦衷。

一、只要舌在，功名富贵就会有

公元前 337 年，是中国历史上的一个多事之年。

在这一年，公孙鞅在秦国遭到车裂的酷刑；

在这一年，苏秦游说秦国碰到了一个硬钉子，心灰意冷之后他又开始游说中原列国，联合制秦。

苏秦发明的合纵战略，给战国时期的政治格局，又凭空添补上了些许色彩。

在这一年，一个青年来到楚国都城郢，寻求机会、谋求发展。在这里，他也遭遇到了苏秦在秦国同样的命运，或许说他与苏秦相比之下，更显得不幸。

此刻，在楚国令尹的家中，传出阵阵的鞭挞与呵斥声；伴随着阵阵夜风，还有一个青年委屈的辩解与痛苦的呻吟声。

这个挨打的青年，就是我们本章的主人公——张仪。

原来，张仪告别老师鬼谷子与同学苏秦后，下山四处游说，很想凭借嘴皮子，取得荣华富贵，一路碰壁游逛到了楚国，一番努力后终于成为楚国令尹门下的一名下等宾客。

由于讨厌的倒霉鬼还一直在张仪的身边盘桓，不久，他几乎遭遇了灭顶之灾。

这天，楚国令尹举办家宴，当客人酒酣耳热之际，楚相让人拿出楚王赏赐给他的据说是价值连城的“和氏璧”，示众炫耀。宴会将毕，和氏璧却不见了。在百般找、千般寻仍然踪影皆无之后，令尹门人将怀疑的目光集中到了张仪的身上，一致认为“仪贫，无行，此必盗相君之璧”，从而共执张仪，鞭笞数百，逼他交出偷去的玉璧。张仪虽贫，亦贪，但真的没有偷窃这块玉璧。虽然被打得遍体鳞伤，仍“不服”，大叫冤屈。这时，天已经快亮了，令尹见状，知道再耗下去也无益，不得已，释放了他。

据太史公在《史记》中记载，这次挫辱并没有打消张仪靠舌头博取功名的念头与打算。当张仪忍着疼痛，艰难地回到他在郢城租赁的陋室时，有一段他与妻子的精彩对话，很能反映出他的心态与心理。

“我早就劝过你，不要好高骛远，好好在家务农经商，踏踏实实地过咱们的好日子，你偏不听。如果你不去日夜寒窗苦读，不出去到处游说，怎么能受到今天这么大的屈辱呢？”妻子又心痛又抱怨地发泄着牢骚。

张仪却不以为然。他做出滑稽的模样，大声地问道：“看看我的舌头还在否？”说着张开了嘴巴。

妻子莫名其妙：“在啊……”

张仪忍着全身的疼痛，笑道：“这不就行了吗？只要舌在，功名富贵终究会有，你不必总是这么头发长、见识短的。”

面对数年来的蹇运与这次飞来的横祸奇辱，年轻的张仪并没有气馁、失望、徬徨，而是仍然对自己的才能充满着信心，相信自己终有一天会鱼跃龙门、鹰飞九霄。

因为，他对当时的社会发展大势与列国的形势洞若观火，这是他自信的一个重要来源。

这就是青年的张仪，自信、敢闯、敢做，而又少于世故与退缩之像。

二、一对同窗加对手

事实上，张仪的运气与他的同窗好友苏秦的飞黄腾达有着重要的关系。

苏秦是东周人，张仪是魏国人。本来二人终生也未必能碰上一面，但对鬼谷子的崇拜、向往与对功名富贵的执着追求，终于将他们二人联系到了一块。

原来，在春秋战国时期，在齐国阳城，有一处地面，因其山深树密，幽不可测，阴气浓重，人们都不敢在这里居住，故名鬼谷。但是，就在这人迹罕至的地方，却潜居着一个很有智慧的人，相传姓王名栩，是晋平公时的人，在云梦山与宋国人墨翟一同采药修道。墨翟反对兼并战争，主张兼爱、和平，后来创立墨家，率一帮弟子云游天下，去做济人利物、拔苦救难的事业；王栩则潜居鬼谷，专心修炼，以姜太公心术与兵法为蓝本，结合自己的心得体会，写出《鬼谷子》一书，被人称为鬼谷先生。

相传，鬼谷先生通天彻地，有几家学问，人不能及。

一是数学。鬼谷先生多年潜心伏羲、文王八卦，日星象纬，在其掌中，占往察来，言无不验；

二是兵学。六韬三略，变化无穷，布阵行兵，鬼神不测；

三是说服人的纵横学问。广记多闻，明理审势，出词吐辩，万口莫当；

四是健康长寿的学问。修身养性，服食导引，祛病延年，冲举可俟。

渐渐地，有人慕学其术，前来求师。鬼谷先生倒也乐于教人，来者不拒，使其各有心得，心满意足而去。随着学生渐渐遍及各地，鬼谷先生的名声也愈传愈大。终于，引出了至今能为人乐道的战国时期的四个能人。他们前往鬼谷，拜鬼谷先生为师。齐人孙膑、魏人庞涓，同学兵法；苏秦、张仪，同学游说。他们潜心努力，都得到了鬼谷先生的真传，成为鬼谷先生的高徒，后来出山济世，很为鬼谷先生荣誉了一把。

这里不谈孙膑、庞涓，话说苏秦、张仪学成告别鬼谷子下山，张仪自然奔向故乡魏国，苏秦则回至老家洛阳。

张仪、苏秦虽然得到了鬼谷先生的游说真传，但毕竟只是一些知识与理论，要将它们转化成能力，并且与当时的社会大势、人心世道结合起来，还需要二人的实际游历，观察、揣摩与总结、升华。

事实上，苏秦、张仪二人在最初数年入世，并非一帆风顺，而是处处碰壁。只是在实践的基础上，他们才慢慢悟通了所学到的知识精华，从而产生能量，逐步取得成功。

苏秦先至东周显王那里，说以自强之术。周显王怀疑他的话空疏无用，将他拒之门外。苏秦又劝说家人出资西奔咸阳，求见秦惠文公，但时遇不佳。惠文公刚刚杀掉公孙鞅，心恶游说之士，便对苏秦说："孤闻'毛羽不成，不能高飞'。先生所言，孤有志未逮，更俟数年，兵力稍足，然后议之。"以此为说辞，将苏秦再一次推向无助的边缘。按道理说，秦惠文公不是一个小器的人，无论从他除掉权大势重的公孙鞅，还是从他为秦国发展开辟的功业来看，他都不应当将苏秦赶到敌对的一方，但历史往往就是这样的复杂。苏秦弃秦成为历史上合纵的滥殇。

苏秦狼狈归家，父母辱骂，妻嫂不屑。遭此失败，使他甚以秦国拒纳他为遗恨。于是，他转而头悬梁、锥刺股，决心研究出摈秦之策，要使六国同心协力，以孤秦势，报秦惠文公不用之仇。

一年后，他奔赵，又不被重用。

转而投燕，苏秦的联合六国合纵抗秦之策，在燕文公那里首先找到了市场。

机会终于来了。

苏秦以燕使身份，再次到赵国，说服赵肃侯同意"合纵"之计。后来，他又以"合纵长"身份联系其他各国。

韩、魏、楚连年饱受秦国欺辱之苦，正苦无抗秦之计，闻之自然风起响应。

齐国虽然远离秦国，但并不希望日渐强大的秦国成为自己的竞争对手。

中国历史上第一次大规模的“国际”合纵势态，就这样轰轰烈烈地诞生了，并且深刻地影响到了当时的政治时局。

六国联合抗秦的战略实施深深地震动了秦国。

本来秦惠文公除掉公孙鞅外籍实力派后，并不想再走前人的路线继续向东扩张，取得“霸业”的虚名，他采取的是关起门来发展自己综合国力的政策。但是，苏秦的“合纵”战略打乱了秦惠文公的计划，促使他不得不一方面加快发展秦国的步伐，另一方面想方设法阻止六国的联合制秦。

苏秦的“合纵”抗秦，为他老同学张仪的仕途崛起，终于打开了一扇大门。

已经离开楚国回到魏国的张仪，在命运女神的催促下，赶赴秦国，针对六国联合抗秦的形势，说服秦惠文公制定并实施了一条针锋相对的政策。这就是中国历史上有名的“连横”战略：运用计策，拆散六国的联盟，并在竞争中削弱对方的实力。

三、舌头的威力

公元前 333 年，张仪来到了咸阳。秦惠文公没有像 5 年前赶走苏秦那样也赶走他，而是经过面试与系列的谈话，留下了张仪，并且拜他为客卿。

当然，秦惠文公仍然不喜欢只凭嘴巴摆能的说客。他能留下并重用张仪，除了他的眼光外，也与苏秦搞得轰轰烈烈的六国联合制秦的行动，有着十分密切的联系。

（一）公元前 338 年，苏秦游说秦国所以遭到失败，主要原因除了当时苏秦还是一位没有名望的说客外，更重要的是秦惠文公刚刚执政，并且刚刚除掉了执政秦国多年的商君集团。一方面他需要稳定国内的政局，建立自己的权威；另一方面也是国内本土利益集团得势，不希望外人再来搅局，苏秦来得不是时候。

（二）经过五年的大力整顿，秦惠文公已经在秦国建立起了绝对的权威。他也是一个希望有所作为的君主，但环顾四周，没有一个人能赶上被他处死的公孙鞅的才干，他很希望能有公孙鞅之才但却比公孙鞅有德的人出来辅助他。

（三）苏秦“合纵”的成功，让秦惠文公感到非常后悔。当时没能留住这样一个能够操纵国际政坛风云的外交人才，也使他对说客的看法稍稍有所改变。

（四）闹得沸沸扬扬的“合纵”行动，在秦惠文公心头也产生了一种莫名的恐惧。此刻，张仪的到来，像一个心理医生，经过谈话与开导，使他缓解了这种让人紧张不安的恐惧。张仪的“连横”战略很是合秦惠文公的胃口，他需要张仪这样的人才。

张仪的舌头，终于派上了用场。

张仪要通过努力，使自己的这条舌头喷发出力量，给自己带来荣华富贵。

张仪明白，自己虽然被留用，但身份仍是一个没有任何实职的客卿，只有战胜周围与自己一样的争宠者，受到秦惠文公的重用，他才能为自己搭建起一个施展才能的事业平台。

庙堂之上，他所面临的对手主要有两位：公孙衍与陈轸。

公孙衍与张仪一样，来自魏国，现已位居大良造；陈轸是夏人，先张仪入秦，已经颇受惠文公重视。公孙衍与陈轸虽然都是外籍人士，但都胸中藏有良谋、韬略，而且能言善辩，张仪要战胜他们，确实也不容易。

自从张仪入秦后，城府甚深的秦惠文公也在暗中观察，将三人不停地在心中组合、排位。

张仪率先发起进攻。作为后来者，要跃居上位，他深知必须通过一番斗争与努力才能分出胜负。

张仪告诉秦惠文公，公孙衍原本在魏国做过犀首的大官，魏国一直对他不薄，在秦魏两国相争上，公孙衍不可能不有所顾忌，不可能出全力以攻魏。陈轸以厚币与楚结合，但实际结果却是秦付出竹篮子，而最终没有打上水来。这件事足可表明，陈轸是在用秦国的金钱做自己结交与讨好楚国的打算，很可能正在盘算着狡兔三窟的妙计。

张仪的这两个杀手锏真的起了作用。

面对惠文公的盘问与质疑，公孙衍一气之下离开秦国，回到了魏国。他本是魏人，又与魏王相熟，而且熟悉秦国的情况，回魏国后不愁得不到重用，也不必因为与张仪相争而整天提心吊胆，说不定这位无中生有的家伙哪一天会让自己大祸临头呢。

公孙衍的自动出局，使张仪在迈上秦国最高政坛的道路上少了一位强硬的竞争对手。公孙衍这种自动交枪的做法，实际上也承认了他不是张仪的对手。

陈轸则无处可去，他要与张仪较量一下。在较量的过程中，他用表示忠心的手法，继续得到秦惠文公优渥的待遇。

这一回合的斗争，张仪只战胜了公孙衍，并没有完全战胜陈轸。任命张仪、陈轸哪一位为相，秦惠文公还难以下定决心。二人都不敢松懈，都铆足了劲头，在激烈地竞争着。

公元前 328 年，即秦惠文公十年，张仪乘秦讨魏胜利之机，以外交手腕迫使魏襄王将上郡、少梁等 15 个县献给秦国，至此，全部河西之地重新归入秦国版图。中原诸国为此震惊，秦惠文公为此大喜。

就在这一年，秦惠文公终于做出了选择，任命张仪为秦国国相。

也就在这一年，陈轸绝望，弃秦入楚。

青春年少、风华正茂的张仪，像一颗灿烂夺目的名星，令人瞩目地登上了秦国的政治舞台，开始发挥他在国际外交方面的特殊才华。

第一件事，他给楚国令尹写信：令尹大人阁下：不才乃当年奉侍尊者席前一介寒士，不知阁下还曾记得否？昔者我实未曾盗取府上璧玉，却无端受你们的鞭笞之苦。今天我则郑重预告：请阁下好生看守住自己的国家，我张仪将真正要盗取贵国城池啦！

张仪虚而不发，一封信先搅得楚国朝野心绪不宁。

第二件事，张仪相秦第四年，辅助秦惠文公更元改称秦惠文王。秦王称号从此开始。

第三件事，实施“连横”之策。针对山东六国的矛盾冲突，对六国分别采取了吓唬、欺诈、离间、攻伐并用的分化瓦解之计。

第四件事，张仪将目标聚焦在魏国，采取孙子的“上兵伐谋，其次伐交”之计，连吓带哄，迫使魏国推行联合秦、韩而攻击齐、楚的策略。

张仪的目的很明确：拆散魏与其他国家的联盟，先由魏与秦连横，然后再发展到吸收韩和别的更多的国家参加。这是因为，按当时的形势来说，从三家分晋以后，长期以来与秦在战略上能够对峙的国家就只剩下东方的魏、齐与南方的楚国了。而魏国又是秦东进道路上必须除掉的障碍物，挑拨魏与齐、楚的矛盾，使他们不断地发生冲突，就能够最大限度地削弱苏秦的“合纵”给秦国带来的灾害，这是符合秦国长远发展的战略构想。

第五件事，利用楚怀王的愚昧、贪瞋，张仪用他的三寸不烂之舌，先用秦国的商、於六百里地的空头支票，引诱楚国与齐绝交，然后用自己的生命担保，又从楚国手中攫取到黔中之地，连接了秦与巴蜀之地。

与齐断交与丧师失地的后果，使楚国国力急剧衰退，从此失去了与秦国角逐的能力。

四、铁定的命运

张仪相秦 10 年，帮助秦惠文王在外交战线上取得了一系列的胜利，被秦惠文王封为武信君。

张仪的“连横”策略所以能够取得成功，主要是因为：

1. 张仪巧妙地利用了苏秦“合纵”策略所带来的各国的“恐秦症”。苏秦原想说服秦惠文王，但由于时机不对而没能成功，于是他转而提倡“合纵”，鼓励六国联合抗秦。表面上，他想报复秦惠文公的“有眼不识泰山”之仇，实际上，由于他想促成“合纵”的早日完成，便常常采用“恐怖诉求”来吓唬其他各国诸侯。这无意中也使各国国君高估了秦国的力量，造成了日后决策上常有的“恐秦症”的出现，从而迅速助长了秦国的声势。事实上，秦国的国力并没有苏秦所宣传的那样强大与可怕，但是，这种宣传所造成的直接效果为张仪巧妙地加以利用后，却为他的“连横”计策的运用成功，带来了一系列的连环效应。

2. 秦国的国力增强及其长期一贯奉行的耕战政策，是张仪的外交策略能够取得成功的强大保证。

秦国自穆公以来，就不断力求强大，走向世界，谋求在当时国际上的霸主地位。特别是秦孝公任用公孙鞅变法以来，秦国综合国力迅速赶上并超过了当时的其他山东国家。没有这个前提条件，张仪的舌头即使再多用几副弹簧，恐怕也起不到多大的实际作用。

另外，秦惠文公继位以来，虽然找碴杀了公孙鞅，但并没有停止与改变公孙鞅的既定国策。

他一方面继续努力发展农耕经济，一方面派兵灭亡巴、蜀之国，从而使秦国拥有了天府之地，后方更加扩大与巩固，尤其是秦从楚国夺得汉中之地，打通了与巴蜀相连接的通道后，秦国的力量更加壮大。张仪的“连横”策略与秦国其他一系列比较有效的国策相匹配，确实起到了相得益彰的作用。

3. 秦惠文王是张仪实施其外交政策的坚强后盾。

张仪辅助的秦惠文王有眼光、有抱负、有韬略、有胸怀，他在重用张仪后，就一直放心地支持张仪去实现他的“连横”之策。而苏秦的“合纵”鼓吹，虽然取得了暂时的效果，但由于山东各国的国君，不乏如魏惠王、楚怀王、齐王建等辈的昏庸之君，加上各国本来就各自心怀鬼胎，利益出发点不同其结果就自然可想而知。从这点上看，苏秦远远不如张仪那样幸运。

“连横”的成功，“合纵”的最后失败，其直接结果就是秦国更加鄙视六国，六国也从此胆气全无，转而相继采用饮鸩止渴的“事秦谨”的国策，而这正是秦国多少年来所期望得到的。从此，一对六的平衡局势已经打破，秦国这头雄狮，要开始真正下山食人啦。

张仪的“连横”虽然利用了当时各方面的有利条件取得了成功，为秦国的统一大厦添砖增瓦，但他本人铁定的命运却未能通过他的努力发生太大的改变。

张仪虽然为秦国的强大，呕心沥血了20余年，但他并未得到秦孝公支持公孙鞅般的待遇。在秦国，张仪不过是一个高级外交官，从来就没拥有过实际的军政大权。张仪所以会放弃武装军事干预，而冒着生命危险靠舌头奔走于危险丛生的国际间，不断使用阴谋欺诈的手段，自有他不得已的苦衷。

真正的历史事实是，不论苏秦抑或张仪，都未曾拥有过真正的权势。苏秦虽然贵为六国之相，但却根本指挥不动任何一国的军事力量，他的权势完全建立在各诸侯国君与他的私人关系之上，其影响力也仅仅限于外交事务而已。为了维持住这个看似来之不易的场面，苏秦几乎是整日地东奔西走，大声呼吁，疲于挖东墙补西墙，终归是机关算尽太聪明，反误了卿卿性命，最终在齐国被利益之敌派人暗杀。张仪更是无奈地冒着生命的危险，奔走穿插在敌国的刀剑之间，从事着间谍般的危险工作。他们的一生其实是相当辛劳而痛苦的。

危险与吃苦，也许对于张仪来说还不是最可怕的事情。一个为了功名和事业而甘愿付出心血与汗水的人，为了达到目的，危险与吃苦又算得了什么？无论苏秦还是张仪，对于他们来说，最可怕的事情是没有君王赏识，给他们一个施展才能的舞台与机会。他们东奔西走，为得不到这种机会而苦恼。得到这种机会与待遇后，他们更怕失去这种机会与待遇。

公元前311年的秋天，张仪刚出使韩国回来，秦惠文王就溘然离世！

寒冷的秋风中，张仪感觉一下子掉进了无穷黑暗的深渊。

秦惠文王在世时，虽然没有给张仪军政大权，但毕竟让他的舌头拥有了用武的地方。但是，就是这样的伯乐也走了。俗话说得好，一朝天子一朝臣。太子荡本来就看不惯自己，群臣中妒忌他的又大有人在。想到这里，张仪感觉到，公孙鞅式结局的暗影正向他的头顶罩来。

太子荡，就是秦国历史上第一个明言问鼎的秦武王。这个只相信靠军事力量征服一切的君王，上台之后就把靠舌头摆弄是非的张仪“打入了冷宫”。

张仪决定叶落归根，回到他多年对不起的祖国——魏国，怡养残年。

于是，他去请求秦武王允许他回归魏国。因为齐国正恨张仪，张仪归魏，齐国必然会兴兵伐魏。当齐、魏打得不可开交之时，秦可乘机攻韩东进，以成帝王大业。

秦武王本来还没想出如何处置张仪之策，听了这个建议，倒也有甩掉包袱之感，于是顺水推舟，允许张仪投魏。

果然不出所料，被张仪一连串计谋气昏了头的齐闵王果然立即发兵攻魏，要求交出张仪。张仪则不慌不忙，要魏王不必惊慌。他派舍人到楚国，请楚国将自己与秦武王设计之策，转告齐闵王，于是齐国退兵，魏国解危。秦王也没有得着什么便宜。

张仪回魏一年，便在郁悒中离开了人世。他本是个视功名比生命还重要的人。如今，没有了事业，他犹如没有了灵魂与方向。与其痛苦地苟活在人间，还不如痛痛快快地去上天堂。张仪本是魏人，能够老年回归故土，老死家乡的功名之士能有几人？吴起、公孙鞅、孙膑、庞涓、苏秦等一度声名赫赫的外籍客卿，还不大都是活时遭罪、死时凄惨？张仪能有这个善终的结局，已经超出了他的意料之外。

五、半吊子的缺憾

马非百在《秦集史》中说：

景春曰：公孙衍、张仪，岂不诚大丈夫哉！一怒而诸侯惧，安居而天下息。公孙衍且勿论，若张仪在惠王一代，对于秦国统一运动，所贡献者实不止一端。吾观张仪初为秦相魏，破坏魏、齐同盟，使魏去齐而暱秦。后又相楚，破坏楚、齐同盟，使楚去齐而暱秦。虽以屈原、惠施群起反对，而张仪终能运用其灵活性之外交手腕以战胜之。李斯所谓散六国之从，使之西面而事秦者，此二事殆其最彰明较著者矣。抑尝论之，张仪外交政策之主要核心，厥为弱楚。而弱楚之谋之得以成功，又由于巴、蜀、汉中之兼并。故其说魏王曰：秦之所欲弱者莫如楚。又说韩王曰：秦之所以，莫如弱楚。而司马错则云：得蜀则得楚，楚并而天下可图矣。此其目标，实甚显明。然亦适有机幸存焉。彼苏秦之约六国也，曰：使天下之将士会于洹水之上，通质刳白马而盟。要约曰：秦攻楚，齐、魏各出锐师以佐之。韩绝其粮道，赵涉河、彰，燕守常山之北。秦攻韩、魏，则楚绝其后，齐出锐师而佐之，赵涉河、漳，燕守云中。秦攻齐，则楚绝其后，韩守成皋，魏塞午道。赵涉河、博关，燕出锐师以佐之。秦攻燕，则赵守常山，楚军武关，齐涉渤海，韩、魏皆出锐师以佐之。秦攻赵，则韩军宜阳，楚军武关，魏军河外，齐涉清河，燕出锐师以佐之。诸侯有不如约者，以五国之兵共伐之。此计划虽未实现，而其主要方针，只在守而不在攻。故约言中，但言秦如进攻，则六国如何防守。而不言秦即不进攻六国，六国亦宜进攻秦国。以此之故，秦遂得以乘其余暇，从容乎巴、蜀、汉中之力征经营，而无东顾之忧……盖此南进政策之得以顺利进行，实苏秦之合纵运动有意无意中助成之也。而张仪之善于利用时势，亦诚不可及哉！

根据马非百上述这段文字，我们可以认为：

1. 张仪“连横”的业绩主要表现在破坏魏、齐联盟，破坏楚、齐联盟，其直接目标是“削楚弱齐”，其长远目标聚焦在“散六国之纵，使之西面而事秦”上面。

2. 苏秦的“合纵”政策只守不攻，给了秦国南顾之机。

3. 张仪巧妙、智慧地利用了这种形势，从而取得了成功。

这种观点从大面上看是正确的。张仪“连横”的主要成绩也就是弱齐、弱楚，并且其成功的基础，也是建立在苏秦倡导的六国联合制秦策略上，失去了一方，另一方也就没有了存在的理由。不过，从当时六国“合纵”运动的事实来看，六国联合并非只守不攻。公元前 318 年，魏、赵、韩、燕、楚五国联合伐秦，推楚怀王为纵约长，就是六国联合进攻秦国的一个例子。

至于景春所说的“公孙衍，张仪难道不是真正的大丈夫？他们一怒，各国诸侯就会畏惧；他们安居，天下的事端就会平息”这句话，实际上也只是看到张仪成功、得意的一面，至于张仪失败、失意的一面，则被景春隐去了。是不经意这样做，还是有意隐去张仪“走麦城”的一面呢？现无事实可考，这里姑且认为，在景春的眼中，张仪是天下不可缺少的英雄吧。

实际上，苏秦、张仪都是时代的产物。他们各凭本事，一个创造出合众弱以敌一强的“合纵”谋略；一个针锋相对，及时应对出以一强以制众弱的“连横”谋略，他们顺应时势，翻动政局，大肆炒作他们自以为是的上佳作品，几乎所有的诸侯国君都被他们强大的宣传与攻心术，搅得心神不宁，似信非信。这不是有意的夸大，实际上是当时历史的真实。不过，最值得我们关心的是，为什么这两人会有这么大的影响力？

春秋战国以来，周天子统治地位实际上已经名存实亡。各诸侯国都开始由尊王争霸进入到进取的兼并战争的时期。如何能够保存、发展、壮大自己，消灭、削弱或者抑制敌对的国家，就成为当时各国的政治领军人物必须解决的课题。局势的动乱、竞争的激烈、结局的惨苦，都不容忽视地把功利主义提上了当时活动的日程。谁能想出好办法，让国家走出战争失败的阴影，成为各国的霸主，谁就有权力发言并迅速取得荣华富贵。齐桓公时期的管仲变法、魏文侯时期的李悝变法、秦孝公时期的公孙鞅变法，都是一些下层急欲求得功名的士人，迎合当时国君要求并通过努力迅速取得成功的有力证明。在此情况下，战国中后期鬼谷子实用、应时的军事和谋略主张，也就大大派上了用场。这是一个不需要讲究道德、不需要讲究人性修炼的年代，这是一个下层民众中精英分子，在火与剑的血雨腥风中能够脱颖而出的年代。张仪、苏秦在他们讲究实用主义的老师鬼谷子的训导下，看清了时代脉博跳动的方位，凭借努力与信心，凭借深入探究当时社会格局而得到了适合时局的、在某一方面具有创造性的策略，这是他们得以成功成名的本钱。

但是，我们也应当看到，无论是苏秦还是张仪，无论是孙膑还是庞涓，成功的背后实际同时潜伏着巨大的引发失败的危险因素。他们或是以军事为专业，在当时的兼并战争中，成为某国或者某一时的风云人物；他们或是以说辞、以谋略作为在当时国际舞台上操纵时局的重要本钱。但是，他们过分地看重了军事或外交韬略，认为这是能够解决当时问题的关键。这正是他们共有的毛病，说明他们还不是成熟的政治家。真正的政治家必然考虑到国家的统一、社会经济的发展及其他方面的和谐以及民心的向背等问题。从某种程度上说，管仲、公孙鞅还都可以认为是成熟了的大政治家，而孙膑、庞涓、苏秦、张仪，只能看作是半吊子的政治家。

单说苏秦、张仪，因为出身低下，生活无着落，希望功名富贵，无可厚非。但是，他们从政的出发点不是通过发展经济，富国强兵，而是人为地炒作或夸大时局的弊端，从中炒作翻腾，通过嘴皮子加阴谋欺骗来达到他们的目的。他们虽然取得了暂时的成功，但他们心中都很清楚，这种虚有成果不能长久。后来历史的发展也说明了“合纵”及“连横”的成果，随着他们两人的先后去世而立刻冰消瓦解。

历史告诉我们，苏秦、张仪可以称得上是出色的外交家与演讲家，但绝不是出色的政治家，顶多也就够得上是个比较合格的政客而已。他们的表现说明：舌头不能代表实力，没有实力作后盾的说辞是无用的，但舌头在某种情况下可以夸大或者贬低实力，从而通过人们心理的变化起伏来达到他们所求的目的。

当然，历史不能虚无。张仪、苏秦毕竟通过他们的作为，在历史上留下了名声。由于二人的搅局，的确也使当时的国际政治发生了巨大的变化。通过“合纵”与“连横”的先后登台上演，秦国的身价已如今日股票飙升一般，无形中虚涨了好几倍，几乎形成了一边倒的架势。这个结果大大超出秦国君臣的想象，在统一的道路上为秦国添加了大大的筹码。秦国能够成为最后的大赢家，苏秦、张仪在宣传上所建立的功劳，实在不可低估。

第四章
无敌将白起之死

白起自身有三大特点：敢于决断，拍板；看问题、分析问题明朗、正确、清楚；性格倔强、想好的事情不会去轻易改变。这种性格，今天看来，正反两方面的效应都很彰显。一方面，在做事情，尤其是军事行动方面，是成事的品质；另一方面，在处理政务方面或与人相处方面则有其不圆通、不灵活的缺点。性格即命运。白起一生的轰轰烈烈与晚年悲惨结局，或许与他的这些性格有着很大关系。

一、秦武王的野心

公元前310年，秦太子荡在他的父亲秦惠文王的灵柩前宣誓就职，这就是历史上有名的秦武王。

秦武王当政之初，秦国的形势一派大好。

当时，东方大国赵、魏、齐、楚、韩、越都因惧怕而连横于秦。

在这种有利的形势下，秦武王首先致力整顿内政和巩固后方。

在秦惠文王统治时期，任命张仪为相，从事破坏各国合纵抗秦的活动，张仪在那时很吃得开。秦惠文王对张仪的游说也十分欣赏，曾封张仪五邑，号曰武信君。但是，秦武王即位后，对张仪的做法很不满意，秦国的许多大臣也十分讨厌他。于是，逞勇好武的秦武王将张仪放归魏国，并于公元前309年任命樗里疾、甘茂为左右丞相。秦武王这样做，主要是因为张仪的做法不符合他的政策与风格。他是一个绝对奉行通过军事手段来达到目的的君王。这位在位只有四年，死时才22岁的秦国国王，在如此短促的人生中却有着不同凡响的表现。

传说，在武王荡为太子时，一日，他突然问他的老师："九鼎有多重？"老师一时被问得惊慌失措，脸色大变。这不仅因为九鼎重量他们也不知道，更重要的是，九鼎只归天子所有，"问鼎"之罪，可谓十恶不赦。有此念头便会小到夷灭三族、大到灭亡社稷国业。

"我能举得起来吗？"少年太子不待老师回答，便又进一步追问起来。

许久，见到老师吃惊无措的样子，少年太子大笑而又自信地回答了自己的问话："我能，我一定能举得起来。"

现在，眼看着秦国一天天强大，秦武王的野心也就一天天膨胀起来，他已不满足做各诸侯国的盟主，而是十分向往周天子的宝座。他要取代周天子，最终成为天下实至名归的共主。

恰好，东方的齐国和北方的燕国发生了你死我活的战争，许多国家也因此卷了进去，这就给西方的秦国提供了东进的有利机会。

于是，秦武王公开宣言："寡人欲容车通三川，窥周室，死不恨矣。"（《史记·秦本纪》）

如果用我们今天的话，就是说："若让我的车子到三川（在黄河及伊、洛水之间，韩国有三川郡，周王畿也在郡内），让我亲眼观看周王室的详情，死了我也不遗憾。"

这等于是向外界发出了宣言：周王室能做天子，我为什么就不能做天子。

这等于向本国发出总动员：向天子地位出发，去用血与剑实现我的这个伟大的目标。

然而，要"窥周室"，问鼎中原，就必须经过韩国的最重要的战略之地——宜阳。这难不倒秦武王。公元前308年，秦武王急不可待地派左丞相甘茂率兵进攻宜阳。公元前307年，宜阳被秦军攻下，韩军被斩首6万有余，通往周王室的门户已经打开，前进道路上的障碍已经清除干净。

公元前304年，秦武王在秦军的簇拥下耀武扬威地来窥周室，偏要与大力士孟说比赛，要力举龙文九鼎，这也是要实现他少时的理想。结果，他不幸被鼎砸断胫骨，8月，在痛苦中死去。

中国历史上"举鼎绝膑"的典故由此而来。

秦武王虽然在秦国的王位上只待了短短的4年，但在秦国统一大业上，却留下了不可抹灭的痕迹：

1. 他向全秦国人民发出了动员令：明确地把消灭各国、吞并天下的统一大业提上了议事日程，给他身后的继承者提出了“做天子”的目标。

2. 因为他的雄心与个性，秦国军队再一次得到了前所未有的重视与加强。秦国无敌军团再次呼之欲出。这种形势，使几年后的秦国大军中终于出现了一位战神式的人物——白起。这再一次证明了一个永恒不变的真理：英雄造时势（这里的英雄就是秦武工），时势造英雄（这里的英雄就是应运而生的战神白起）。

3. 自他开始，中国历史上才真正创立了丞相制度。

4. 宜阳的攻取与永久的占领，揭开了秦国统一天下的序幕。

早在秦惠文王时代，张仪就曾经说过：“秦攻新城，宜阳，以临二周之郊；据九鼎，索图籍，挟天子以令天下，天下莫敢不听。”（马非百：《秦集史》）一场大规模的伏尸百万、流血漂橹的残酷战争就要开始了。

秦武王青年奋发，强取强进，如果不是因为戏鼎而意外受伤致死，其前途实未可限量也。也许，在他的手中，就已经完成了当时已经成熟了的秦国统一大业。如果事实真是这样的话，中国后来的历史就会改写，秦始皇的统一功绩就成为了秦武王的胜利硕果。那么，以秦始皇与秦武王二人的处世风格与个人性格来看，也许秦王朝的统治不至于转瞬即逝，或许会在秦武王的手中获得长继远续的结果。可惜的是，天不假年，秦武王虽然雄心远大，但是英年早逝。

二、恒勇天下无敌将

说起秦国的统一运动，有两个人常常为人们所忽略。这两个人一位是秦昭襄王的国舅——穰侯魏冉，另一位就是无敌将——白起。正是这二人的努力，才真正奠定了秦国统一运动的重要基础。

穰侯为秦国的统一事业，做下了两件大事：

1.“东益地，弱诸侯。”

司马迁说：“穰侯，昭王亲舅也。而秦所以东益地，弱诸侯，尝称帝于天下，天下皆西向稽首者，穰侯之功也。”

2. 他发现并起用了秦国历史上最出色的军事天才——日后被封为武安君的白起。

这里暂时不说穰侯，我们先将浓重笔墨投向战神白起。

白起为岐州郿县人，其家世原属秦部族的一个小领袖。公孙鞅变法后，白起一族被并入秦国武装部队的系统。据《唐书》记载，白起是秦穆公时的猛将白乙丙的后人。穰侯当政秦国宰相后，继续秦武王时期通过实力东进扩张的政策，为了重振秦国军队的威名，他非常重视实战将领的培养，在他初任秦相的那一年，即公元前295年发现并起用了白起。

据《太平御览》（卷三百六十六）引晋孔衍《春秋后语》中说，白起“为人小头而锐面，瞳子白黑分明，而视瞻不转”。

据说，与白起同时代的赵国平原君赵胜，曾见过白起并对他的长相与性格有如下评价：“小头面锐者，敢决也。瞳子分明者，见事明也。视瞻不转者，执政强也。”

用我们今天的话说，就是白起有三大特点：1. 敢于决断，拍板；2. 看问题、分析问题明朗、正确、清楚；3. 性格倔强、想好的事情不会去轻易改变。

这种性格，今天看来，正反两方面的效应都很彰显。一方面，在做事情，尤其是军事行动方面，是成事的品质；另一方面，在处理政务方面或与人相处方面则有其不圆通、不灵活的缺点。性格即命运。白起一生的轰轰烈烈与晚年悲惨结局，或许与他的这些性格有着很大关系。

秦昭襄王十三年，白起在穰侯举荐下被秦昭襄王封为左庶长，一开始就当上了类似公孙鞅初到秦国时的官职，自然好不得意。他受秦昭襄王的命令，率领着自己的军队，一举拿下韩国的新城，初建军威，这时候的他，不过才是一个25岁的正处在朝气勃发时期的青年将领。

白起外表斯文，秦昭襄王起初召见他时，几乎不敢相信他是位智勇双全的勇猛悍将。

白起擅长冲锋陷阵的突击战术。他在军伍中时常研究琢磨，认为传统的马车方阵及重步兵为主的作战方式已经不能适应秦国军团的大规模的战争需要。他主张用铁甲骑兵队为先锋及中军，以迅雷不及掩耳的速度冲击，在第一次进攻时就给敌人以致命性的打击。他认为，对付缺乏马匹且长于步战、车战的东方诸侯，这种战术最容易奏效。他遵循孙武子的“疾如风”的兵法准则，设计发明出轻骑兵闪电攻击战术，并从西胡及北狄境内购买大量的军马，配合马上的准确的快速箭术训练，终于组成了在秦国统一大业中起了重要作用的快速攻击兵团，从而使秦国军团再一次成为战必胜、攻必克，能够以少胜多、完成大规模战役的无敌军团。

凭着冷酷、果断、干练、锋锐的个性；凭着他的快速进攻的闪电战术；凭着穰侯对他的信赖；凭着秦昭襄王对他的无以复加的宠爱，青年的白起把他的智慧和热血与秦国一系列大规模的开疆拓土的战争完美而又高度地结合了起来，终于找到了他的生命中永久性闪光点，从而为秦国的统一大业快速奠定了坚实的军事上的基础，也为他自己留下了当之无愧的战神的称誉。

请看白起在下列诸多战役中的杰出表现：

公元前294年，白起率领秦国军团进攻韩国，拔下新城，初露锋芒。

公元前293年，白起率领秦国军团在伊阙（今河南洛阳龙门），大败韩、魏联军，杀犀武，拔五城，斩敌首24万，并俘获了魏国将军公孙喜。

公元前292年，白起攻魏，旋又攻韩。

公元前291年，白起攻韩取宛。

公元前 290 年，白起攻占韩国垣城。

公元前 289 年，白起先后攻取魏国 61 城。魏国被迫向秦国割献河东之地 400 里；韩国向秦国献武遂地 200 里。

公元前 284 年，白起率军伐赵，攻下光狼城。

公元前 280 年，白起率军攻伐楚国，占领黔中，楚国被迫献汉北及其上庸地方，与秦求和。

公元前 279 年，白起率兵伐楚，攻取鄢、郢、邓、西陵等五城。

公元前 278 年，白起继续进攻楚国，攻取楚地安陆、楚国首都郢城。烧夷陵，取竟陵，一直打到洞庭湖边，楚王逃亡到陈，郢成为秦国的南郡。楚国从此元气大伤，变得一蹶不振。

公元前 277 年，白起又攻取楚国的黔中、巫郡。

公元前 273 年，白起又率领秦国军团伐魏，大败韩、赵、魏三国联军，夺取华阳，魏国被迫献出南阳。这一役，秦军斩敌首 13 万。与赵将贾偃战，又沉赵兵两万人于河中。

公元前 264 年，白起率秦军攻取韩国的陉城，拔五城，斩首韩军 5 万。

公元前 263 年，白起率领秦军攻占南阳太行道，切断韩国本土与上党的联系通路。

公元前 262 年至公元前 260 年，白起率领秦国军团在长平与赵军展开决战，杀死以“纸上谈兵”而闻名后世的赵军统帅赵括，活埋赵军降卒 40 余万。在三晋中至赵武灵王以来唯一能与秦国相抗衡的赵国军事力量几乎全部被消灭。

据历史记载，战国后期，能与秦相抗衡的只剩下了东方的齐、赵两国与南方的楚国。

经过公元前 314 年齐宣王几乎灭燕，到公元前 284 年燕与韩、赵、魏、秦五国联军共同伐齐，不仅燕国从此无力顾秦，东方的齐国也国力大损，从此衰落下去，再也不能与秦国争雄了。战国后期，经过赵武灵王的胡服骑射，赵国一跃成为三晋中唯一能与秦国叫板的国家。但是，白起横空出世，率领秦国无敌军团先后对楚、赵两国横扫千军如卷席后，楚、赵两国有生的军事力量几乎被消灭殆尽，两国的国力也迅速衰弱下去。

据史料统计，战国时期，七国人口大致在2000万左右，以男子1000万左右计，成年能够征战的男子也就在500万左右。除了农业生产必需的劳动力及老弱病残外，能够参加战争的成年男子估计还应当大大小于这个数目。经过白起连续数年的进攻与杀戮，单有明确记载的诸侯国军队被杀的就在百万以上，这种恐怖的战争屠杀行动，不仅使东方六国的军事力量从此衰落下去，无法再与秦国的虎狼军团进行抗衡，而且从心理上也使各诸侯国为之心惊胆战，从此彻底绝望起来，几乎只剩下苟延残喘的份儿了。秦国灭亡六国的条件，在白起率领无敌军团的不断造势中，已经成熟了。

白起的成功，就是秦国军团的成功，是秦国国力对外辐射的试验。在一系列使人眼花缭乱的、成功的军事战役中，白起以“集中优势兵力，各个歼灭敌人”；“以消灭敌人的有生力量为主要目标”；“在运动战中创造时机歼灭敌人”为战术目标，为秦国基本扫除了统一道路上的拦路虎，他也不仅因此闻名于诸侯，而且其官爵一路飙升，从左庶长不断升迁至左更、大良造，并在攻下楚国首都郢后，被加封为武安君。事业与声名一时如日中天。

三、穰侯的克星

俗话说：“日中则移，月满则亏。”物盛则衰，是天地的常数。就在白起的军事指挥艺术发挥到极致、功高震主之时，秦国的庙堂之上出现了一个可怕的政敌，那就是已经深受秦昭襄王宠幸的外籍政客应侯范雎。

范雎，魏国人，饱读书册，辩才极佳。他本打算游说魏昭王取得官职，无奈出身贫寒，不能如愿，就先投在魏国中大夫须贾的门下。

一天，他随须贾出使齐国。齐襄王很是欣赏他的才干，就赏赐给他10斤黄金以及牛、酒等物。范雎知道自己主人须贾心胸狭窄、嫉贤妒能，因此没有接受。即便如此，须贾还是大怒，回魏后就向魏相魏齐打小报告，认为范雎将魏国的机密泄露给了齐王，所以齐王才奖赏了他。魏齐当时正权势炙热，十分痛恨吃里扒外的小人，闻报后大怒，不问青红皂白，就令手下用竹答狠打范雎，打断了他的肋骨，打落了他的牙齿。范雎一看情况不妙，干脆躺在地上装起死来。

魏齐所以对范雎下了死手，一则是因为他相信了须贾的假话；二则是他也想借此立威，给他身边服务的宾客与侍从一个永远记住的教训。这样，他才在听了须贾的报告后，召来众人，在宴会上打算杖毙范雎。

装死的范雎，被人用席卷起扔进了茅厕。须贾解手时，还向范雎的身上撒过尿。

直到深夜，范雎向看守他的人求情，并答应给他以重谢，看守谎称范雎已死，在征得魏齐同意后，将他拉到郊外放掉。在朋友郑安平的帮助下，范雎改名张禄，成功地躲藏起来。

不久，秦昭襄王派王稽出使魏国。范雎在郑安平的帮助下夜见王稽。王稽看到范雎确实与众不同，遂在处理好公事后悄悄带他回到秦国。

据司马迁记载，当车驾行驶到秦国边境湖关（今河南灵宝西），恰遇穰侯东巡。好在范雎早就听说穰侯“专秦权，恶内诸侯客”，因而有所提防，才最终平安到达秦都咸阳。但穰侯对王稽说的“谒君得无与诸侯客子俱来乎？无益，徒乱人国耳”的声音却一直响在了范雎的耳边。这个被司马迁评作是“一饭之德必偿，睚眦之怨必报”的范雎，原来本不是一个大度能容之辈，而是一个心胸狭窄，又过分看重个人恩怨之人，穰侯的话大大刺伤了他的自尊心。

穰侯开始倒霉了。

这一年是秦昭襄王三十九年，即公元前268年。

这个时候，秦国的军政大权正处在穰侯魏冉为首的本土外戚集团的控制之下。

事情还得从头说起，秦武王死后，秦国很快出现了内乱，事情的根源还是因为武王无子，诸兄弟皆争君位。武王的亲生母亲惠文后早死，庶母芈八子生三子：则（后为昭襄王）、显（后为高陵君）、悝（后为泾阳君）。芈八子有两个弟弟：其同母异父弟名叫魏冉，同父弟叫芈戎。在武王诸弟争位的过程中，魏冉凭权谋将姐姐所生的则推上王位，这就是秦昭襄王，而其姐后来则成为秦国历史上有名的宣太后。

不久，秦公子壮及诸公子联合武王后发动叛乱，旨在推翻昭襄王的统治，又是魏冉再次发兵平叛，诛杀“昭王诸弟不善者”，并把武王后逐出秦国。

从此，秦国的军政大权实际上落在了魏冉的手中，他也因此被封为穰侯，五次为相，在位时间共达25年之久，创秦国历史上任相之纪录。

魏冉是一个没有野心的人，除了喜欢聚敛财富、大搞裙带关系外，还是一个称职的宰相与务实的政治家。在他当政期间，任命白起为秦国武装部队大将军，东征南讨，为秦国翦灭劲敌、统一天下奠定了军事上的基础。

但是，毕竟他秉政秦国相位25年，与他姐姐宣太后一起，揽权任事，权势越来越大，逐渐变得骄奢淫逸、飞扬跋扈起来。

穰侯与他的弟弟华阳君以及昭襄王同母的弟弟高陵君显、泾阳君悝相互勾结，各人都拥有一大片封地，成为全国最有势力的权贵，被当时秦国视为“四贵”。他们一改秦国历来吸收外来人才的做法，拒斥外来的政客、游士，堵塞贤路，欺下蔽上，损国肥私，逐渐让昭襄王不满起来。这就为范雎为首的外籍力量在秦国的重新崛起提供了机会，引出了范雎“秦王之国危于累卵”的议论。

就在秦昭襄王对穰侯的举措日益不满、担心王权旁落之时，意外地看到了范雎的上书。奏折中说，他自有一套解决秦国现状的办法，并且保证，如果“一语无效，请伏斧质”。

于是，秦昭襄王接见范雎，范雎向秦昭襄王献上了他的安秦之计：

1. 指出穰侯多次发兵越韩超魏，远道伐齐，是一大失策。范雎说：“夫穰侯越韩、魏而攻齐纲、寿，非计也。少出师则不足以伤齐，多出师则害于秦。”（《史记·范雎蔡泽列传》）范雎用齐湣王伐楚的例子劝说秦王。他认为，当年齐湣王远道攻楚，虽然破军杀将，辟地千里，但是因为远隔韩、魏两国，最终结果是不仅对土地没有得着，相反，诸侯趁齐疲弊 、君臣不和之机，兴兵伐齐。齐湣王最后还落得个身死、国差一点亡的结局。齐国伐楚，是削弱了自己，而肥了韩、魏两国啊。最后，范雎向秦昭襄王献上了著名的远交近攻之策：“远交，以离东方之合纵；近攻，以广秦国之土地。以目前而论，就是远交齐、楚，近攻韩、赵、魏。三晋之地既得，齐、楚也就难以存在下去了。”

2. 驱逐四贵，集权王室。范雎说：“臣前居山东时，听到这样一种说法：在齐国，人们只知道有孟尝君，不知道有齐王；在秦国人们只知道有太后、穰侯、华阳、高陵、泾阳，不知道有秦王。照理说，控制国政的应当是王，他掌握着生杀予夺的权力，他人岂可专擅！但如今，太后能够擅行国政，穰侯可以出使不报，华阳、泾阳、高陵三人可以自行击断无讳、进退不请。四贵备而国不危者，未之有也。大王其实只是享有空名，四贵不去，大王的权力就可能颠覆，号令也不能从您而出。从前，崔杼专擅齐国之政，后来杀了齐庄公；李兑专擅赵国之政，最后困死了赵武灵王。如今，穰侯内仗太后之势，外窃大王之威，出兵则诸侯震惧，班师则列国感恩。且穰侯多年广置经营，宫中外庭，大王左右，还有谁不是穰侯的亲信呢？国家没有动乱暂时或可苟安，倘一旦有乱，臣私下里实在担心，只恐大王也难逃崔杼、李兑之祸！大王千秋万岁后，秦国也不再为大王子孙所拥有！

范雎用历史上的教训与眼前的事实，劝说秦昭襄王改变穰侯的国策，除掉专权的穰侯外戚集团，正好说在了秦昭襄王的心坎上。20 多年来，秦昭襄王无一日无忧、无一日不惧，今经范雎明白地说出了自己的心中事，一时十分爽然。

于是，秦昭襄王决心重用范雎，铲除祸害。

经过严密的布置，秦昭襄王收缴了魏冉的相印，命他回到自己的封地。接着，又驱逐华阳、泾阳、高陵三君到关外。在秦国执掌军政大权 20 多年的穰侯集团就这么一下子冰消瓦解。

紧接着，秦昭襄王拜范雎为相，并封以应地，号称应侯。对内让他彻底清除穰侯的残余力量，废止贵族擅政，加强中央集权；对外，开始采用范雎远交近攻的策略，迅速派出使节与齐、楚通好，同时向韩、赵发起进攻。

从此，秦国的内政和军事大权转到范雎的手中。

几年后，便发生了一次震撼华夏大地的大战役——几乎歼灭赵国有生军事力量的长平之战。

以长平之战为开端，白起、范雎将相矛盾开始激化起来。

四、范雎、白起之争

前面说过，白起是穰侯魏冉一手提拔起来的。范雎利用秦昭襄王之手一举翦除了魏冉集团，成为秦昭襄王心中的第一大红人。但他并没有在这个回合的斗争中去触及白起。毕竟，范雎还算是一个心中有城府的政治家。他深知，白起虽然是政敌穰侯魏冉的旧人，但数十年中却一直统率着秦国的无敌军团，并且在无数次重大战役中为秦国斩将拔城，开疆拓土，不仅是秦国的大功臣，而且也同样是秦昭襄王眼中的大红人。擒贼先擒王这个简单的道理，应侯范雎是了然于胸的。因此。他不动声色，撇开白起，先从“四贵”身上开刀，果然起到了理想的效果。范雎一定以为，最棘手的穰侯集团都能除掉，白起不过是一个头脑简单、性格倔强的军人，说不定还可利用一下他的本领，到不听话时再除掉也不晚。

范雎精心打着算盘。

在这个必须与穰侯明确划清界限的时刻，白起也有自己的考虑。穰侯晚年的一系列政治军事错误，白起不可能看不明白。王权与相权冲突的后果，白起也不可能不知道其中的后果。自己虽受穰侯提携才有今日之功之爵，但在秦昭襄王与恩人穰侯之间斗争日益明朗化时，自己还是要代表军队向秦昭襄王表示忠诚之誓的。没有办法，心中虽有恩人，怎奈尊王是自己的本分。政治斗争太过无情，远远站在一边，静观其变，也许才是白起当时应当采取的明智的举措。

确实，白起也真的这样做了。

1. 他以此向秦昭襄王表示：国家君主，在他的心目中是第一位的，一定忠诚效死力；

2. 他以此向新相范雎表示：自己虽属穰侯旧人，但不过是一个只问军事、不关心政治的军人，没有必要与他为敌。

白起与军队在穰侯与范雎的这场朝廷斗争中，最终站在了王室的一边。穰侯的失败，固然与他没有野心并且已经年老志退有很大的关系，但没有以白起为首的军人在后面如往日一样的支持，何尝没有重大的关系？

魏冉家族在秦国的专政结束后，开始了范雎的相秦时代。

由于受到昭襄王的信任，应侯范雎的权力在“强公室，杜私门”的过程中大大增加。范雎博学才敏，舌辩能力尤强，对当时秦国的一些政治问题看得比较透彻，提出的一些措施也较得当。但他太看重个人的恩怨，把国家的重要职位拿来给他的朋友与恩人作为报答，公私不分，任用非人，这是构成他人生悲剧的重要因素。他曾自豪地说过：“五帝三代之事，百家之说，吾既知之，众口之辩，吾皆摧之，是恶能困我而夺我位乎？”（《史记·范雎蔡泽列传》）

秦昭襄王曾经对赵国平原君亲口说过：“昔周文王得吕尚以为太公，齐桓公得管夷吾，以为仲父，今范君，亦寡人之叔父。”（《史记·范雎蔡泽列传》）由此可见范雎当时在秦国受任之专、权力之大。但事实上，范雎不是姜太公，更配不上管夷吾。他虽然帮助秦昭襄王除掉了魏冉为首的外戚集团，在一定程度上重新加强了秦王室的中央集权，重新使秦国实施远交近攻的战略政策，并且在治理巴蜀问题上有一些建树，但他心胸狭窄，目光短浅，为秦国努力的目的，无非是为个人的荣华富贵。他即便为秦国的统一运动做出了一点儿成绩，也不能说明他是一个有远见的政治家。这一点，在他拥有权力后，便开始报复仇人须贾、魏齐等人，在长平之战后，不趁机灭亡赵国等问题上，彻底地显露出来。

他当任秦国宰相后，第一件事就是要求魏国交出仇人魏齐，并发出恫吓：“不然者，我且屠大梁。”

仅仅为了报私人之仇就要出兵屠杀尽魏国都城的居民。我们还真的不能高估了这个读了几本书就自以为天下无敌手的狂生。

对于魏国派来的使者须贾，范雎趁势百般侮辱，当着各诸侯国外交使者之面，把须贾当作牲口对待，让两个囚徒夹着喂其马食。魏齐逃到赵国，范雎又为这件私事请秦昭襄王亲自出马，威逼赵国交出魏齐。直到魏齐被逼无路自杀才最终了事。

对于名将白起，他一方面嫉妒其军功名爵，一方面又想方设法企图用自己的私党郑安平来代替白起。

长平一战，白起指挥秦军一举歼灭了赵国几乎所有的军事力量，秦国声威大震，如果此时乘胜进军，灭亡赵国估计不是太大的问题。这本是关系到秦国发展的关键时期的关键问题，范雎却害怕白起功高，使自己不能专权，因而以“百姓困于远输，国内空虚。臣恐楚、魏乘虚攻秦”为由，劝说秦昭襄王命令白起班师回秦，将这个能提前吹响灭亡六国胜利号角的珍贵机会，白白错过了。

从此，白起与范雎将相矛盾终于激烈地爆发出来。

范雎利用白起不会通融与低头的性格缺点，多次在秦昭襄王面前诋毁白起。在范雎的阴谋下，白起不但被秦昭襄王削去武安君的爵位，而且最后被迫饮剑含恨自杀。

一代名将没能战死疆场，马革裹尸，却倒在了朝中政客用舌头铸成的刀下。有人说，自古武将斗不过文臣，笔杆子锋利过千刀万剑，看来是有其一定的道理。

范雎虽然聪明过人，但是，他没能悟透“机关算尽太聪明，反误了卿卿性命”这个简单的道理。他不知道，没有了白起在前方冲锋陷阵，自己这个靠嘴皮子逞能的宰相也就没有了生存的市场。他还在美滋滋地谋划着，白起一死，秦国军权尽归己手。他既可以用它来报答朋友郑安平昔日的救命之恩，又可以让郑安平替自己去建立像白起那样的盖世奇功。

范雎不明白，战神只能有一个。

白起一死，范雎马上就去见秦昭襄王。诉说王稽之忠，大谈郑安平之能，软硬兼施，终于让昭襄王任命郑安平为将军、王稽为河东太守。

此时的范雎，飘飘欲仙，心中做着应侯黄金时代就要到来的美梦。

他没有意识到，自己的死期也已经来到。

按秦律，“任人而所任不善者，各以其罪罪之”。也就是说推荐人因被推荐人出事的，其罪与被推荐人等同。

战争年代，刀光剑影，全凭实际本事吃饭。没有金刚钻，就别去揽那瓷器活。范雎既然推荐两匹驽马草包上台表演，砸票倒霉，就是早晚的事情。

很快，郑安平就在邯郸之役中被赵、魏、楚三国联军打得大败，秦军的无敌兵团遭遇到了前所未有的挫折。郑安平突围不成，干脆率领两万秦军投降赵国，西桃东收，倒也得到了个荣华富贵的结局。

很快，王稽虽为河东太守，却暗中与诸侯连通，出卖秦国的利益。

由于郑安平导致的秦军惨败与王稽的河东出卖，邯郸之役不久，河东和太原郡也相继失守。

到此时，秦昭襄王才如梦方醒，慨叹“夫物不素具，不可以应卒，今武安君既死，而郑安平等叛，内无良将而外多敌国，吾是以忧”。(《史记·范雎蔡泽列传》)

于是乎，在公元前 255 年，范雎与王稽一起被处以死刑，而且，夷其三族。范雎嫉贤妒能，任用私党，最后落得个身败名裂的下场。

五、如此君臣

客观地说，在秦国几百年的创业史上，秦昭襄王应当算得上 39 位君王中不可多得的佼佼者。回首秦国创业历史，对秦国影响较大、有所作为的君主，屈指算来不过襄公、穆公、孝公、惠文王、昭襄王、秦始皇数人而已。

仔细总结起来，秦昭襄王本人，有如下几个主要特点：

1. 他是秦国历史上在位时间最长的一位国君。从 19 岁登基起，在位 56 年，称得上是秦国国君中的寿星之首。

2. 与母亲宣太后一起，彻底解决了西方犬戎长期的骚扰问题，彻底消灭了桀骜不驯的义渠戎。在那里设置陇西、北地和上郡三郡，将之从此归入秦国的版图。

3. 重用名将白起，几乎灭楚亡赵，东征南讨，基本上奠定了秦国统一天下的格局与走势。

4. 灭亡小西周，将九鼎载归咸阳，实现了他的兄长秦武王问鼎中原的理想与愿望。

5. 采纳与实施了范雎远交近攻的正确战略决策，大大加快了秦国统一的步伐。

6. 加大建设巴、蜀的力度，修建栈道，为最后灭亡南方的楚国做了充分准备。

7. 重用范雎，驱逐“四贵”，有效地加强了秦王室的集权。

应当说，秦昭襄王是一位有眼光、有韬略、知人善任、积极进取的有为君王。

但是，在杀害白起的问题上，他却犯了一个致命的错误，并且也为之付出了一定的代价。

实际上，秦昭襄王是重视白起的。岂止重视，简直可以说是喜欢这个表面上文弱白净，骨子里却果决、坚毅的小伙子。因而，才会有白起一路春风，从左庶长乘坐火箭一直升至大良造的奇缘。

但是，白起是穰侯圈子里的人，而且在秦国武装部队中拥有着崇高的威望，位高权重，逐渐就让秦昭襄王变得猜疑和不放心起来。

毕竟，君王眼中所看到的全是利害，心中最害怕的，就是权柄下移或者权臣尾大不掉，最终枝强干弱，受其所害。

对于秦昭襄王来说，形成这种心理是有一定原因的。早年他作为人质被送到天寒地冻的燕国，受尽了不被人关心与遭白眼的待遇。虽然武王死后，他赖魏冉之力，平定内乱，被从燕国接回来，坐上了国君之位，但从此他也被魏冉集团所包围。上有太后训政，外有“四贵”弄权，朝廷内外，遍布魏冉的亲信与爪牙，虽然贵为君王，不仅号令不从己出，相反，一举一动，皆不得自由。在这种情况下，秦昭襄王能够应付下来，而且一忍就是40年，想来也是多么不容易做到的一件事情。

在这种情况下，秦昭襄王暗地里下令自己的心腹王稽借出访之便，访贤载归就是一件自然而然的事情了。否则，以王稽一个小小“谒者”之地位，是绝不敢做出诈欺魏冉、举荐范雎这件事情的。

马非百在《秦集史》中分析说，秦昭襄王对于穰侯虽然“外虽信之甚笃，而内心未始不极忌之，而欲收回政权，自亲万机”。秦昭襄王不仅与权臣穰侯暗中开始较量，且戏也演得十分精彩。“范雎至，秦昭王佯为弗信，使舍食草具。待命岁余，然后得见。及拜为客卿，仍先令参谋兵事，不预内政达数年之久。交既益亲，权亦益重。穰侯之猜忌亦益疏。乃始由外及内，夺太后之权，削四贵之势。举数十年根深蒂固之恶势力，一扫而清之。”没有很深心机与权谋之人是难以做到这一点的。

应当说，宣太后与穰侯干政这件事对秦昭襄王影响是巨大的。一个人19岁时，正是青春勃发，充满理想与敢想敢干之机，却不能有所作为，其心中的痛苦是可想而知的。很可能，秦昭襄王不仅对穰侯不满，甚而起了怨恨之心、恶毒之情。不过，从他后来对穰侯的处理来说，还是很宽容、很大度的，称得上一个有胸怀的政治家。他非但没有杀掉穰侯魏冉，而且允许魏冉带上其倾尽一生搜刮而来的巨财回到封地，尽情享受余生，只是在穰侯死后才果断收回其封地。毕竟，穰侯是他的舅舅与恩人，没有穰侯也就没有他这个秦昭襄王。

白起位高权重，功高震主，秦昭襄王对他的猜忌，从政治平衡角度来说也不是没有一定的道理的。

但这时的白起，却是怎样一个情况呢？

长平之战后，对于秦昭襄王没能支持他立刻灭亡赵国这件事，白起是生了真气，真的动了肝火。

秦昭襄王对范雎的一系列偏爱举动，更令白起生气与激动。

他一定认为，长平之战后，秦昭襄王所以不让他乘胜灭掉赵国，是因为国君听信了范雎的搬弄是非。他就不想想，为了支持这场大战，秦昭襄王亲自来到前线，用加官许爵的办法征召秦国的所有15岁以上的男子，组成军队，帮助白起切断了赵国的援兵与粮道，这究竟是为了什么？他就不想想，作为一个对国家全局担负责任的国君，不能单纯做军事上的考虑，还要解决因这场大战带来的国虚民饥的现实问题。是啊，应侯范雎说了白起的坏话不假，但作为一个统治秦国长达近半个世纪的、富有经验的国君，就会这么轻易地失去自己的判断吗？从这一点上看，白起虽然是一个军事天才，但并不善于去从政治角度考虑问题。

固执己见，只会扩大他与君王之间的矛盾，只会给政敌范雎提供更多的说他坏话的机会。

这说明，白起的性格与头脑中也有他的缺陷。正是这个“阿喀琉斯的脚踵”，最终让他成为了一个悲剧性的人物。

从某种程度上说，白起也是一个冷酷的杀敌机器。在他担任将军的第二年，便在伊阙战役后进行了中国历史上很可能是第一次恐怖的大屠杀行动。他为了树立自己的军威，下令将24万敌军俘虏全数处死。据说，当时的战场，一片血红。白起的这种残忍举动，让所有诸侯国为之胆战心惊，也让秦昭襄王在兴高采烈的同时，心中暗暗涌上一种无可名状的滋味。

如果说，白起处死敌卒还有一定道理的话，那么他在攻打楚国鄢城时，用蜒西长谷的水灌城，就是一次滥杀无辜了。据《水经注》中载录的材料说：“水溃城东北角，百姓随水流。死于城东北者数十万，城东皆臭。”

有了上述两次大的屠杀行动，公元前260年左右长平之战结束后，白起坑杀赵国降卒40多万人，就不是太让人难以理解的事情了。

白起残酷屠戮与乱杀举动，其实是一柄双刃剑。一方面，彻底消灭敌国的有生力量，有利于秦国灭亡六国的行动；另一方面，也使秦昭襄王感到恐惧而不得不随时对白起有所提防。长平之战后，秦昭襄王命令秦军班师，除了三四年的空前战争使国家经济与人力资源已经到了极限外，难道说就没有秦昭襄王心中的担忧吗？将全国军队交给这个为了胜利可以不择一切手段的人，万一白起起而叛逆，杀个回马枪，秦昭襄王自己岂不玩儿完？范雎退兵建议所以能顺利地为秦昭襄王所采纳，其中就深含着一个君王忌防权臣反叛的心理。

事情发展到这一地步，秦昭襄王与白起二人的关系，已经不再是往日鱼水之欢的融洽的君臣关系。按道理，白起应当警觉与设法改善这种局面，但是，长平之战后，被范雎气昏了头的白起，已经不能去主动调适这种不正常的君臣关系了。

本来，秦国约定退兵的条件是“割韩垣雍，赵六城”（《史记·白起王翦列传》），但是，秦国退兵以后，赵国则翻脸拒绝割城，并且积极联齐抗秦。

秦昭襄王生气了。同年九月，他就派白起率兵伐赵，但是，白起却坚决抗命。

白起所以反对出兵伐赵，一方面固然是在发泄对范雎与秦王的不满，另一方面则是根据他对长平之战后形势变化的理性判断。

白起认为，自从秦国失掉灭赵的机会后，形势已经发生了明显的变化。

长平之事，秦军大克，赵军大破，秦人欢喜，赵人畏惧。秦民之死者厚葬，伤者厚养，劳者相飨，饮食餔馈，以靡其财；赵人之死者不得收，伤者不得疗，涕泣相哀，戮力同忧，耕田疾作，以生其财。今王发军虽倍其前，臣料赵国守备，亦以十倍矣。赵自长平以来，君臣忧惧，早朝晏退，卑辞重币，四面出嫁，结亲燕、魏，连好齐、楚，积虑并心，备秦为务。其国内实，其外交成，当今之时，赵未可伐也。(《战国策·中山策》)

白起不失为一个有远见的军事家，这种分析，确实有其一定的道理。无奈，秦昭襄王主意已定，根本听不进他的道理，改派王陵伐赵，在进攻邯郸时果然严重受挫。

于是，秦昭襄王再次欲让白起出马。一则由于负气，二则看到取胜无望，白起再次抗拒了秦昭襄王的命令。

白起认为："邯郸实未易攻也。且诸侯救日至，彼诸侯怨秦之日久矣。今秦虽破长平军，而秦卒死者过半，国内空。远绝河山而争人国都，赵应其内，诸侯攻其外，破秦军必矣。不可。"(《史记·白起王翦列传》)

于是，秦昭襄王改而让应侯范雎出面，劝说白起担起伐赵重任，当然同样遭到拒绝。

于是，秦昭襄王让王龁代替王陵，并增加军队围攻邯郸，但战局并未有一点好转。

于是，秦昭襄王不得不再次求助于白起。

这次，秦昭襄王本人亲抵白起的府邸，劝令白起带兵伐赵，但白起还是以生病为由予以拒绝。秦昭襄王实在忍不住了，“你虽有病，但还是要为寡人出征。哪怕你是躺在床上指挥。”话说到这个地步，但凡头脑能够稍微灵活一点的话，千败万败，也应当答应下来。但生性孤傲的白起，仍然心里有气，拒不从命。

至此，君臣二人关系彻底崩裂。秦昭襄王当即削去封予白起的武安君爵位，并将他逐出咸阳，迁往阴密。

三个月后，秦军前线仍旧是败报频传。秦昭襄王迁怒白起，令他不得滞留咸阳，马上起程。但在范雎的鼓动下，秦昭襄王脑子一热，降旨赐剑令白起自尽。这个令东方六国心惊胆战的无敌将军，在咸阳以西 10 公里，一个叫杜邮的地方，饮剑自杀。

吴人钟离牧在《三国志·吴志》中说：

武安君谓秦王曰：非成业难，得贤难。非得贤难，用之难。非用之难，任之难。武安君欲为秦王并兼六国，恐受事而不见任，故先陈此言。秦王既许而不能，卒陨将成之业，赐剑杜邮。观其宁伏剑而死，不忍为辱军之将，其执志之强，信非虚言。

我们不知道这个史料的真实来由，如果确有其事的话，就说明秦昭襄王与白起，在统一天下的问题上曾经有过约定。

这个史料告诉了我们如下信息。

1. 兼并六国，统一天下的目标，在秦武王、秦昭襄王时代已经制定并且开始了实施。

2. 秦昭襄王与白起都有一统天下的目标与信心。

3. 对秦昭襄王放手让自己去做军事前驱的事情，白起并不放心，因而才有了这个约定的出现。

4. 白起后来拒不出山带兵，是气愤秦昭襄王破坏了他们之间的约定。

5. 白起宁肯冒着杀头的危险也不愿意做自己没有把握的事情。

不管怎样说，秦昭襄王与白起，确实可以称得上我国早期历史上一对少有的遇合君臣。后来二人由遇合发展到冲突，除了范雎在其间起的消极作用外，秦昭襄王的猜忌之心与白起的跋扈之实，都扮演了不同的消极角色。

杀害白起，秦昭襄王很快就产生了悔意。白起的固执与不听命令，又实在让这个很重视他的主人无法下台。君臣冲突的结果，二人都没有成为胜者的一方。秦国统一天下的速度也因为君臣二人的冲突大大缓慢。这个结果，让几年后登上秦国政治舞台的秦王嬴政看得清清楚楚。他追念白起之功，看重白起之才，爱屋及乌地封白起之子为官，恰到好处地解决了前朝遗留下来的这段公案。

历史已经前进到了这一步：兼并六国、一统天下，已经不再是遥远不可及的梦想。秦昭襄王已经 70 多岁，老昏的年龄与心智，已不足以再率领这场统一中国、甚至让后来世界都为之震惊的伟大运动。四年后，秦国历史上出现了一位决定以后中国历史走向的雄主——秦始皇。他在祖业的基础上，终于把先人的理想变成了现实。

第五章

奇货可居之吕不韦

从众的心理，让吕不韦一直想用金钱的威力摘下自己头顶上这顶让人瞧不起的商人的帽子。他用敢为天下先的投资、智慧、眼光与行动，给战国的历史增添了一道浓重的色彩。在做了秦国的丞相后，他立刻摇身一变成了一个重农主义者。在他组织门客编写的《吕氏春秋》里，除了多次强调农业为本外，还有一篇论文，题目就叫《上农》。重农轻商的社会现实，终于造就了一位中国历史上敢于赌上身家性命去干预政治的大商人、大政治家。

一、他发现了可居奇货

公元前265年，吕不韦来到了邯郸。

战国时期的邯郸，是赵国的政治、经济、军事和文化的中心。

自从赵武灵王向胡人学习、胡服骑射以来，赵国的政治与军事力量，便迅速蹿升起来，一跃超过韩、魏，成为秦国的东面劲敌。国都邯郸，工商业也十分繁荣发达，商贾云集，成为赚钱交易的甚佳去处。

不仅如此，邯郸地处中原中心，北连燕、胡，东通临淄，西连秦国，不但做起生意方便，而且信息量大，各种政治、军事、经济的信息，在这里都可以搜集得到。

所有这一切，都吸引了一个名叫吕不韦的商人，成为他在这里盘桓、留连的重要理由。

在邯郸，吕不韦很快赚了钱，安下家，又新娶了一位非常漂亮而且能歌善舞、风情万种的小女人。

吕不韦，卫国都城濮阳人。他的父亲，原本就是当地一个有名的大商贾。家庭经商的背景，加上遗传基因的作用，吕不韦很早就练就了一副精明的商人头脑。

他子承父业，投身商海，眼观六路，耳听八方，肯于吃苦，加上讲义气，出手大方，奔走濮阳、阳翟等地的结果，使他很快成为一名“家累千金”的大富商。

司马迁说：“吕不韦者，阳翟大贾人也。往来贩贱卖贵，家累千金。”

俗话说：钱是人的胆。随着钱愈赚愈多，吕不韦的胆量与念头，也就愈发大了起来。他已不满足于过去的成就，希望在这个乱世中，自己能够真正地为吕家找到一个万世相替、家业不败的“桃花源”来。

这一日，邯郸城里春风拂煦，百花盛开。吕不韦走在街头，满脑子正想着生意上的事情。

突然，一个也同样心不在焉的人，冷不丁地撞了他一个满怀。

吕不韦正想发怒，抬眼一看，不由得怒气顿消，心中吃惊。

眼前之人，生得五官端正、面如傅粉、眉清目秀、举止优雅，天生透露出一种雍容不凡的气质。只是不明白，为何他清癯的脸上充满着忧愁；玉树临风的体态，也显露出天生不足的一段病根，而且，他衣着破旧，丧魂失魄。

那人见吕不韦两眼直盯着自己看，微微颔首表示歉意，随即转身而去。

半晌，吕不韦回过神来，见到附近有一个卖铁器的小摊。他赶到摊前，询问摆摊的老人。

“借问老伯，方才过去的那人是谁？”

老人认真地看了一下吕不韦，见他一身华贵，态度诚恳，才慢慢回答说：

“客官，想必你是刚来邯郸不久，这里，附近的人谁都认识他，他就是秦王太子安国君的儿子异人。”

“噢？”

虽然，吕不韦在邯郸早就听说过异人。知道他的日子很不好过。秦王根本不关心他的死活，三番五次派兵来攻打赵国，赵王早就想杀掉他，亏得平原君求情。性命虽侥幸保住了，但赵王震怒，将他软禁在丛台驿舍，削减了日常用度，出入花费都十分拮据。

但是，今天见到异人如此落魄，和穷光蛋简直没有什么两样，还是挺出乎他的意料。

吕不韦半晌无语。

具有广泛游历经验并且富于判断的吕不韦，早已经凭借他的智慧和信息看出，将来能够灭亡六国的，一定是秦国。他是一个看重实利的商人，秦国虽然有着巨大的市场，但根据秦国自公孙鞅变法以来的国策，他根本无法在秦国立足。投资总是要等待机会和冒一定风险的。眼前在邯郸的这个秦国公子，可能就是自己下一步要抓住机会与投资的重要对象了。

想到这里，吕不韦心中顿时有了新的主意。他匆忙回到了邯郸的家中，做起他新的投资计划与可行性方案的研究。

这个秦王孙异人，是作为人质羁留在赵国邯郸的。

人质这种事，在春秋以前未见有过记载。

最初的人质事件，出现在东周初年周平王年间。

事情的简单经过是：东迁洛邑后，周平王因不满意郑庄公所作所为而想让虢公来代行政事，夺取郑庄公的周朝卿士之职。郑庄公得知后星夜驾车入朝，以主动请求辞职相要挟。面对实力强大的郑庄公，周平王再三解释无用，无奈间被迫以太子狐为人质于郑，以打消郑庄公的忧虑与不快。堂堂周天子，竟然要用儿子作抵押品来表示对自己属下诸侯的诚信，此事虽然属情势所迫，然而毕竟有点滑稽。事情闹到这个地步，大概郑庄公也觉得有些过分了，于是便把自己的儿子忽作为人质于周作为交换，以预防诸侯们的责难。谁料，这个头一开，此后以人为质竟无形中渐渐成为了各国间一种外交规矩，而且愈演愈烈，在春秋战国时期渐渐成为了一种国与国之间信任与否的标志与不成文的制度。

如今的秦王孙异人，便是这样的一个倒霉蛋。

原来，秦昭襄王二十八年（前279），秦昭襄王与赵惠文王在渑池相会，通过与赵国智勇双全的蔺相如的几次较量，秦昭襄王没有占到任何便宜，于是不敢轻视赵国。为了集中力量南下进攻楚国，需要暂时稳定东方战线。于是，秦昭襄王决定与赵王订立盟约，两国修好，并选派一个人前往赵国去做人质。

当时，秦太子安国君有 20 多个儿子，均为诸姬妾所生，但美中不足的是，安国君最宠爱并被立为太子妃的华阳夫人却没有生下一个儿子。

按理说，这 20 多位王孙都有被选当人质的可能。

当时，异人的母亲夏姬因得不到安国君的宠爱与喜欢，很早就郁郁死去，这样一来，到赵国做人质的命运就自然而然地落在了这个没有人关心的秦王孙的头上。

异人到赵国没有几年，秦国进攻楚国取得了巨大的胜利，楚国的都城郢已经变成为秦国的南郡。于是，秦昭襄王立刻掉转刀锋，指向东线，重新对赵国发动战争。

当时，赵国受到秦军的进攻，自然迁怒于秦国的质子。在秦昭襄王大举伐赵之时，赵惠文王把一腔怨恨发泄到人质异人的身上，打算将异人斩首以报复秦国。这个时候，幸亏有见识的平原君替异人在赵王面前说了好话，异人这才死里逃生。

平原君认为，异人在秦国并不受宠，在秦昭襄王的眼中也没有地位，杀了他对秦国不会构成丝毫的伤害，而且还会让赵国落下不讲信义的名声，不仅让诸侯各国从此疑惧赵国，而且也堵死了日后和秦国讲和的路子。

尽管如此，赵惠文王余怒未消，将异人迁到邯郸东北的丛台，不仅削减了各种日常开支和供应，而且专门派人加强了对他的监视，甚至限制了他的活动范围。

可怜的异人，到了秦赵利益双方根本不再把他放在心上、任杀任辱的时候，已经失去了人质的内涵，变成了徒具躯壳的废物。

就在这个时候，吕不韦盯上了这个已对人生不抱什么希望的破落公子。

吕不韦经过深思熟虑，决定投资异人，牟取终生大利。

这个决定，显示出了吕不韦不同于一般商人的眼光与心计。谁愿意花金钱、用心思去打理这个秦赵两国已经无人理、无人要，已经丧失了价值的秦国王孙呢？这个人见了躲都躲不及、害怕惹臊上身的破落货，却被吕不韦所看中，不仅别人难于理解，就是吕不韦的父亲也难以释怀。

据《战国策·秦策五》记载，为了说服父亲，也为了求证自己的心中答案，吕不韦与他的父亲曾有如下的对话：

“父亲，耕田种地能获利几倍？”

“十倍。”父亲回答说。

“那么，贩卖珠玉赢利能几倍？”吕不韦进一步问道：

“一百倍。”父亲进一步估算说。

吕不韦又问：“那么拥立国家的君主赢利能有几倍？”

父亲回答说：“无数倍。”

吕不韦接着进一步透露心曲：“如今老百姓极力耕田劳作，还不能得到温饱；现在如果为了建设国家拥立一个君主，恩泽福分可以传给后世。我愿意去办成这件事情。”

事实上，吕不韦的最后这句话，与其说是给父亲讲的，毋宁说是讲给他自己听的。

这表明，年轻、气傲的吕不韦已经不满足于正常商人的蝇营狗苟、买卖赚钱，他要用一种独特的方式，去追求更大的利润和利益。

他能成功吗？

二、赌上千金家财

主意拿定，吕不韦就开始采取行动了。

第一步，打通秦质子周围的人脉，寻找接近异人的机会。

当时，异人因为秦国不断的大举伐赵，已经被赵王软禁在了丛台驿馆。赵王派将军公孙乾等一干人前来“陪住”，实际上，异人是处在高度的监视之中。要想接近异人，就必须打通公孙乾这一个关节。

这，难不倒吕不韦。

经过几天的暗中观察，吕不韦发现，公孙乾老是注意过往行人的马匹，于是，心中便有了主意。

吕不韦早年到过胡地，专门做过贩马的生意，与这一行当来往很多。很快，他便让人买来了一匹雄骏异常的北胡名马。吕不韦骑上这匹名马，来到丛台驿馆旁边的茶肆。

与异人正在茶肆喝茶聊天的公孙乾，一下子便把目光集中到了这匹好马的身上。不仅如此，他还忍不住地跑出来又摸马头，又看牙口，又看毛色，赞不绝口。

进到茶肆喝茶的吕不韦，将这一切看在眼中，喜在心上，完全不出他的所料。

不一会儿，见到宝马便挪不动步的公孙乾，便与马主商议要将马买下。

吕不韦胸有成竹，当场拍胸脯将马白白地送给了公孙乾。

不必说，公孙乾已经高兴得忘乎所以。从此，二人由相识到相交到“朋友”。一路平坦，自自然然。

公孙乾不知道，自己的嗜好已经被别人利用了。在以后的日子里，吕不韦能够经常出入异人的住处，全是靠公孙乾的引荐之功。

吕不韦投其所好、长线短钓的策略初步取得成功。

第二步，与异人谈判，讲好条件。

随着吕不韦的金钱攻势，公孙乾上下一干人都渐渐与吕不韦成了关系密切的朋友。

这天，吕不韦又来请公孙乾饮酒聊天，碰巧遇到了异人。吕不韦佯装不识，问道：

“此人是谁？”

原来，公孙乾是赵惠文王宠信的大臣，素以恪守职责而闻名，尽管他面子上和吕不韦客客气气，热热闹闹，实际上却时刻牢记着自己的职责。为了减少不必要的麻烦，他一直没有告诉吕不韦有关异人的情况。

此刻，见吕不韦问起，也就不好隐瞒，公孙乾便把异人的来历与自己现在的职责详细说了一遍。

吕不韦似乎心不在焉地听着，并没有表现出太多关心这件事的样子。

又一个风和日丽的日子，公孙乾置酒请吕不韦。吕不韦应邀而至，好似不经意地与公孙乾商量：“座中别无他客，既是秦国王孙在此，何不请来同坐助兴？”

公孙乾也没有多想，就请异人与吕不韦相见，同席饮酒。

酒至半酣，公孙乾起身如厕，吕不韦抓住机会，凑近异人，压低声音，倾吐心声：

“我有办法让公子光大门庭，甚至当上秦国国君。”

异人一怔，把吕不韦上上下下打量了一番，不由得哈哈大笑起来：“我看先生还是先光大自己的门庭吧，到那时再来说这个话也不迟！”

也是，萍水相逢，异人哪里敢把眼前这个人的话当真。甚至，他还可能认为这是公孙乾事先安排好的钓客。

“公子说得有理，不韦至今不过一介布衣而已！但是公子有所不知，不韦的门庭全靠公子的门庭光大后才能光大！”吕不韦镇定而又极其严肃地说道。异人听出对方不是戏语，不由身子一震，也变得严肃、郑重起来。

吕不韦压低声音继续说道：“秦王如今年纪老迈，太子安国君最宠爱的华阳夫人没有自己的儿子。也就是说，公子您那二十几个兄弟谁都没有得到专宠。公子何不趁此机会设法回到秦国，拜华阳夫人为母，做她的嫡嗣，以后这王储之位就非你莫属啦。”

异人听到这里，完全相信了眼前这位仅一面之交、却能给他带来命运转折之机的贵人。

他悲从中来，两眼含着泪说道：“我哪敢存此非分之想，如今已经万念俱灰，别无他求，只要能回归故土，不身死他乡就谢天谢地了。我如今就好比笼中鸟、瓮中鱼，身不由己，心急如焚。一听谁提到秦国，就伤心难过，只恨想不出个脱胎换骨的办法！”

吕不韦见异人已经倾吐心声，不敢耽搁时间，直接单刀直入：“公子质赵已有数年，客寄异乡，穷困缠身，没有金钱去上下打点。不韦虽然够不上豪富，但能得公子如此信任，当倾己所有为公子分忧。愿意携带千金西游咸阳，说动安国君与华阳夫人，立公子为嫡嗣，接公子回国，如何？”

异人心中一热，两行泪珠滚落脸颊，两眼放射出希望的光芒。

“假如如君所言，他日请得分秦国与君共之。”

刚说到此，公孙乾返回，见到异人神色异常，心中犯疑，便问吕不韦：“你们刚才在说什么？”

吕不韦早有准备：“我在向王孙打听秦国的玉石价格行情，谁知王孙离秦多年，详情并不知道。”

公孙乾见吕不韦不慌不忙，对答合情合理，于是便不疑惑，命酒更酌，尽欢而散。

吕不韦又完成了他的第二个步骤。

第三步，用金钱先帮助异人改善生活环境与条件，让他对未来充满信心。

随着吕不韦与异人接触次数的增加，吕不韦先偷偷送给异人五百金，一方面来改善他的贫寒状况，另一方面让他笼络买通身边的闲杂人等，为他们以后借机出走打好基础。

同时，吕不韦又咛嘱异人，让他趁现在闲赋无事之时，多出去结交各国来赵使者，联络朝中大臣，多多用钱去结识一些诸侯宾客，为自己的贤名捞取一定的资本。

第四步，西游咸阳，打通华阳夫人的关节，兑现他与异人谋定的计划。

吕不韦安顿好秦王孙，立即为咸阳之行认真准备。这是他计划中最关键的一个步骤，也是最令人难测、最为困难的一个步骤。临行前，他又拿出五百金，置办了许多秦国稀有的宝珠玉器、珍奇古玩，带在身边。

吕不韦凭借着他收集到的信息与资料得知，华阳夫人有一个姐姐与一个正在得势的弟弟也在咸阳过着荣华富贵的日子。根据这一情况，吕不韦已经准备好游说华阳夫人，来达到他目的的最佳方案。

在去往咸阳的道路上，对自己到咸阳后的实施方案，吕不韦再次一遍遍梳理，觉得这是一个比较完善的计划，意外之事虽然难以预料，但他还是对自己的这次使命抱有信心：只能成功，不能失败。

眼下的最佳机会是：华阳夫人虽然最受安国君的宠幸，却偏偏没有子息。

要知道，在这个传统中国的男权社会里，妻以夫贵，母以子贵，年轻依赖丈夫，老来依赖儿子。在这个霸道的男人世界里，这便是留给女人借以度过一生的全部位置。

年轻、美貌是她们的全部价值之所在，是她们生命的支撑点，也是她们寻找幸福的有力武器。

华阳夫人虽然眼下正受秦国太子安国君的宠幸，但随着年轮的消失，色衰不再青春时，安知自己的命运不是前二十余位妃嫔命运的重演。

这位显贵女人内心这一隐秘的痛苦，无人识得，而且也无处诉说！

然而，吕不韦却凭借着他的精明，准确地窥探到了这一秘密。

他明白，如果准确揭开这一盖子，正确地利用其内部的能量，自己的命运、异人的命运、自己家族的命运，甚至秦国的命运，从此就可能因此改变。

此刻，他的心情是兴奋的，同时也夹杂着一种莫名其妙的烦躁与不安。

眼前的咸阳与赵国邯郸的气象迥然不同，厚重朴实，淡中透威。

吕不韦顾不上欣赏异境风情，来到咸阳后，立刻开始按照自己准备好的计划行动起来。

1. 吕不韦先要寻找的人是华阳夫人的姐姐。他深知，一位太子夫人与一个异国商人之间，尊卑之别无异天壤，不借助代言人是无法把他的计谋传入禁宫的。

吕不韦没有贸然行事。他先用金钱买通华阳夫人姐姐的门人，向其女主人传话说，“王孙异人在赵国做人质多年，无时不在思念太子和夫人，有孝顺之礼，托卫国商人吕不韦转送。此外，还有薄礼献姨娘，略表寸心。”门人说毕，将一函金珠宝物献上。

华阳夫人的姐姐，平日仗着其妹在秦宫中的地位，养尊处优。今日见到秦王孙异人托人给她从远方赵国送来的珠宝，心中大悦，破例出来与吕不韦相见。

华阳夫人的姐姐寒暄道："王孙的美意谨领了，还劳尊客远道跋涉，愧不敢当。王孙在赵国这么多年，还没有忘记故国吗？"

吕不韦等的就是这样的问话，他用真诚的语气回答："我就住在王孙的公馆对面。他有什么心事全都说给我听，故此，我能尽知他的心事。他日夜思念太子和夫人，他说他自幼丧母，华阳夫人便是他的嫡母。他最大的愿望，就是回到太子和夫人的身边尽孝。"

华阳夫人的姐姐被打动了。沉默良久，她关切地问道："王孙近来怎样？"

吕不韦叹了一口气，道："因秦兵屡次伐赵，赵王多次要杀掉王孙，幸亏赵国的臣民极力保奏，替他说了不少好话，这才侥幸保住性命。因为处境十分险恶，思归的念头也就愈发迫切。"

"赵国的臣民为什么要保奏秦王孙呢？"华阳夫人的姐姐进一步探问道。

吕不韦回答："秦王孙贤孝无比，每遇秦王太子的寿诞，及元旦朔望之辰，一定清斋素食、沐浴焚香、西望拜祝，赵人无不知之。况且这秦王孙还十分礼贤下士，轻财重义，广结诸侯宾客，信义著于四海。因此，赵国臣民不忍看他无辜遭诛，故尽行保奏。"

看到华阳夫人的姐姐不再疑惑的表情，吕不韦赶紧不失时机地拿出价值五百金的秦国罕有的金珠宝贝，说："王孙不能亲自归侍太子、夫人，特意献上这些珍玩表达孝养之意，还望姨娘代为转达。"

于是，华阳夫人的姐姐一边吩咐家人款待酒食，一边亲自去秦宫告诉华阳夫人。

华阳夫人见到珍玩，听了其姐的传话，以为"王孙真念我"，大喜过望，从此开始在心中存有了异人。吕不韦咸阳之行的第一步计划宣告成功。

2. 经不住吕不韦的几次运动与劝说，几天之后，华阳夫人的姐姐便受吕不韦之托，前往其妹的居处，开始为异人做起说客。当然，这些说辞都是吕不韦事先详细告诉她的。

姊妹见面，很快就能转入正题。姐姐说："我常听人说，以色事人者，色衰则爱弛。现在妹妹伺奉太子安国君，尽管恩宠有加却没有子嗣。最好的办法就是在安国君的二十多个儿子中选出一个最为贤孝者，收为自己的儿子，让他将来继承太子的位置。这样的话，安国君健在时不用说，就是万一将来有个三长两短时，嗣子为王，自己仍然可以母仪天下，威势不减。现在对你来说，不过就是一句话，将来却受益无穷。如果等到年老色衰以后再提什么要求，谁还会买你的账呢？依我看这王孙异人不但贤孝，而且聪明乖巧，他自知不是长子，其母又失宠早亡，所以自愿极力依附妹妹。况且，他现在身为人质，在赵国生命不测，如果你能劝说安国君立他为嫡嗣将他接回来，他一定会感激你，这无疑是你长享富贵的根基。"

华阳夫人至此已被完全说动。于是，她便使出得宠中的女人那几件通常惯用的手法，几个回合下来，安国君便被这枕头风煽倒。不仅如此，经不住华阳夫人的纠缠，安国君竟至发誓赌咒，与华阳夫人刻玉符为信，立异人为嫡嗣。吕不韦到咸阳后的第二步计划又旗开得胜。

3. "时秦昭襄王方怒赵，太子言于王，王不听。"看到安国君与华阳夫人劝说秦昭襄王，让其与赵国交涉，放回质子异人的事情没有结果，吕不韦便采取了他的第三步计划，去说动华阳夫人的弟弟，时下正得到秦昭襄王重用的阳泉君。

据《战国策·秦策五》记载，吕不韦见到阳泉君，没有客套，一张口就是吓人的话："您已经犯了死罪，您知道吗？"

阳泉君不以为然："我有什么罪？"

吕不韦说："您临深履薄而还不自知，这就更加危险。您想想，您手下的人没有一个不是位居高官的，太子手下的人却没有一个高官显贵。您的府库中藏着若干珍珠宝玉，您的马圈里养着众多的骏马，您的后房里住满了美女。如今秦王年事已高，一旦驾崩，太子掌权，那么您的处境比堆积起来的鸡蛋还要危险，比朝荣夕落的木槿花的寿命还要短暂。"

听到这里，阳泉君大惊："为今之计，当如何是好！"

吕不韦说："现在有一计可保您久享富贵。您知道太子没有嫡子，华阳夫人为此很焦急，他们现在已经决定立异人为嫡嗣，但是，异人现在正在邯郸做人质，处境很危险。您如果通过王后向大王进言，将异人迎回秦国，做太子的嗣子，异人就将由无国变为有国，太子就将由无子而变为有子。太子和异人当然得从心底感谢华阳夫人，知恩报效，这样的话，华阳夫人可以尊宠不衰，您不也就跟着永享富贵了吗？"

几天后，从华阳夫人那里传下话来："大王已经恩准，等赵国服而请和，就派人迎异人归国。"

就在同一天，安国君与华阳夫人一起召见吕不韦。除赠黄金百镒外，他们还拜吕不韦做异人的老师，回赵国好好教育与安置异人。并令其传语王孙异人："只在早晚母子便可望相见，不必过于忧伤。"

至此，吕不韦到咸阳后的第三步棋也已经走赢 。

三、押上心爱的女人

吕不韦咸阳之行取得成功，这是他十分兴奋的一件事情。

虽然破家千金，但毕竟心想事成 ，自己已经朝成功的道路上，迈出了很大的一步。破小财获大益，这个简单的道理，吕不韦心中是清清楚楚的。

但是，回到邯郸后，他又遇上了自己最不开心的一件事，这就是异人横刀夺爱，向吕不韦索要他的爱妾赵姬。

这个关西青年，少年时就被迫作为人质羁留赵国。多年来，秦赵积怨，赵王又把恶气发泄在了他的身上。从小没人爱、没人疼的滋味，或许还能够忍受。尴尬的身份与在死亡线上的七上八下的心理折磨，却严重损害了他的身心健康。

眼下，吕不韦带来的好消息，虽然使异人精神为之一振。但是，身体的孱弱与心理上的孤单，吕不韦却没有办法去加以改善。

尤其是，这个秦国王孙已经步入青年多时，身边却连个女人也没有。是呵，到了这个年龄，身边怎么还能没有个女人呢？特别是在这种无所事事的日子里，心中孤苦达到了极点。

经常与公孙乾一起出入吕不韦家的异人，久而久之，吕不韦爱妾赵姬的神色体态、倩丽娇容，老是在他的眼前晃动，已经牢牢地烙在了他的心上。猛然，他发现，他已经无可救药地爱上了这个已经是恩人老婆的可人尤物。

心中的欲望一旦开始膨胀，就怎样用力也无法将他压缩到应该牢牢控制的原处。

这个秦国王孙，知道自己不该产生出这个念头。自己眼下前途未卜亟须吕不韦的帮助。他感觉到，吕不韦能为自己抛舍千金家资，也许他也就能为自己割舍他的爱妾。何况，吕不韦的身边，女人成群，缺少一个赵姬，也许对他的生活与心理不至于产生太大的影响。

终于，他决定找吕不韦谈谈，因为他已经实在忍受不了折磨，心理已经到了要崩溃的极限。

结果可想而知，吕不韦一时也接受不了这个突如其来的打击。

据《史记·吕不韦列传》记载：吕不韦听后，不由得心中大怒。

他一定认为，异人简直是不识好歹，得寸进尺。

他一定产生过这样的念头：狠狠地揍上这个秦国王孙一顿。

他吕不韦走南闯北，远近有名。如今，有人直来直去地要夺走他最喜欢的爱妾，这口气，他一下子怎能咽得下去？

他终于还是没能控制得了自己，向异人发出了怒吼："我破家舍业，想与你共同干出一番事业。谁知，你却好歹不知，盯上了我的爱妾？殿下欲夺我所爱，这究竟是何道理？"

吕不韦的狂怒，吓得异人一下子也清醒了许多。他想到了自己的无助，想到了自己眼下悲惨凄苦的命运，两行热泪，不争气地顺着他白净的面颊连了线地往下滚落。他踢蹐无地，当即跪下谢罪：

"我以客中孤苦，妄想要先生割爱，实乃醉后狂言，还望先生幸勿见罪。"

事情到了这个地步，吕不韦还能再说什么。

赵姬是他来到邯郸后遇到的最可心的女人，是他忙碌生意后疲倦地回到家中能够得到休息与恢复精力的港湾。他爱这个女人，他从未想到这个能歌善舞的女人有朝一日会不属他所有。他不能让自己喜欢的女人转入别的男人的怀抱。

但是，这个胆敢夺他心爱女人的不是别人，而是他今后终生想要依托的一棵参天大树。

吕不韦陷入痛苦的思考之中。

《东周列国志》这样描写赵姬，说她"云鬓轻挑蝉翠，蛾眉淡扫春山，朱唇点一颗樱桃，皓齿排两行白玉。微开笑靥，似褒姒媚幽王；缓动金莲，拟西施堪迷吴王。万种娇容看不尽，一团妖冶画难工"。

一个能与中国历史上有名的美女褒姒、西施相比的女人，肯定是一个十分艳冶、令男人心驰神往的尤物，更何况，她还能歌善舞，善于投人所好。

从心里来说，吕不韦决不愿意把这个能给他带来快乐与消闲的女人奉献出来。

吕不韦就是吕不韦，毕竟不是一般的只知道追欢寻乐之辈。他想到了他已经投资出去的千金，他想起了他正在追求的梦想。

终于下了狠心。

这时的秦王孙，看出吕不韦变化不定的神色，心中惊惧交加，五味俱全。他面如红霞，低三下四道：“千错万错是我的错，我们是千丈水的深交，千万不要生气了。”

吕不韦瞪着眼，大叫道：“以我和公子的情意，这件事自然不会怪罪于你。为了你能登上秦王之位，我千金家业尚且可以抛出，一个女人又算得了什么。既然你这样喜欢她，干脆这样，我就把他送与你为妻好了。”

千金家资已经赌出去了，多年创业得之不易的钱财已经付诸东流，如果中途因为自己所爱的女人，不敢再押上一宝，所有希望的一切，很有可能就从此是水中月、镜中花。

何况，眼前的异人，虽然处在青春年少时期，却因为长期的政治折磨与贫寒，已经倪露出了寒秋的光景，将赵姬送给他，或许能再给他一个振作的机会。一定要让异人活到登上秦国王位的那一天，如果异人对生活前途失去了信心，我吕不韦的前途不也是一片黯淡吗！

想到这里，吕不韦扶起了一直跪在他的面前，眼看就要支持不住的公子异人。

“我的话是当真的。”

“真的？先生此话当真？若得赵姬，小人必涌泉相报。”异人喜不自胜。

吕不韦咬牙切齿：“我不图你的回报，好歹要是你们情愿，我就成全你们罢了。”

就这样，吕不韦又用投资的方式，押上了自己心爱的女人。一半是出自无奈，一半是出自野心的驱使。

后来之人多认为赵姬是吕不韦主动送出，这是误读了司马迁《史记·吕不韦传》的结果。

不过，能把自己离不开的女人，为了更大的目的奉送出去，有这份大魄力的人还真是世间罕有。

就这样，赵姬这个不寻常的女人，既成全了吕不韦，又最终害了吕不韦，不过这是后话，在此暂且不提。

四、社会的现实与从众心理

吕不韦是个商人，出生于商人世家。按道理，他应当子继父业，一心一意地经商才是。可他偏不，放着驾轻就熟的行当不做，却偏偏热心起仕途来。这个转变，今天的人或许不太容易理解。为什么他“家累千金”，放着自由自在的生活不去享受，却偏偏去蹚政治这河浑水呢？

事实上，吕不韦的这个转变，只要放在当时的社会背景下，就很容易理解。

经商，在我们今天看来，是一件极其荣耀的事情；商人，是一个能让人充分肯定其价值的职业。随着商业社会的到来，不仅众多有识之士纷纷投入商海，就连很多在仕途上已经一帆风顺的官员，也辞职就商，希望一展本事。

可是，今天这个为人们津津乐道、充满向往的职业，在春秋战国时期却让人唯恐避之不急。

在那个年代，商人被人们认作低人三等、不懂礼仪，低劣到几乎近于罪犯、农奴的人。

在那个年代，商人连衣着式样，也有被视为卑贱的特别规定。

在那个时代，商人再富有，在家也不得拥有豪宅，出外也不能乘坐高车驷马。

据传说，商人这个名词的由来，本身就是一件让人颇为感慨的事情。

据说，商朝末年，建立了商朝的殷商部族很善于经商，他们常到毗邻周族的地区去做买卖。久而久之，在周人的心目中，做买卖的就是商人。后来，周武王灭商，殷商遗民的政治地位从此一去不再复返，他们便更多地投身到商业活动中去。由此，周人便用“商人”这个名称去称呼做买卖的人。这种称呼，本身就充满了不屑与鄙视的口吻。因歧视被征服了的商人遗族，所以连累进而歧视到当时所有从事买卖活动的商人，这倒算得是一个合乎逻辑的说法。

商业和商人，虽然在中国古代社会一向受到鄙视，但是，它们却是人类社会经济生活趋于繁荣的标志。

春秋战国时期，随着社会生产力的快速发展，过去官府垄断手工业和商业的局面被打破。独立的手工业者和商人数量增多，出现了一批中国历史上最早的大商人，如范蠡、子贡、白圭等。但是，这并不能代表当时社会经济活动的主流方向。商业与商人，在政府的高压与排斥的政策下，仍然是步履维艰。

当时各国，都采取了重农抑商的政策，极力压抑商人的地位，将“农、战”提到了无以复加的地步。商人再富，也不能享有相应的社会地位，并且为社会所不齿。通过经商致富，拥有千金家资的吕不韦，就处在这种名实不符的社会地位上。

在当时，有本事的人都力求参与国家的政治事务，得到一个名实相归的政治地位。

据说，姜子牙贫困时，曾负贩于商都朝歌；管仲与他的好友鲍叔牙也曾合伙做过买卖，不过，这是他们在进入仕途前为生活困窘一时的被迫所为，未必是他们真志。

历史进入到战国时期，人们的这种轻商重农观念仍然变化不大。

以苏秦为例，他家境贫穷，为了改变自己的社会地位与生活处境，他曾经到齐拜鬼谷子为老师，希望能够学有所长，学能所用。离开鬼谷子后，他到各诸侯国进行游说，但很不成功。回到家后，亲人们对他不理不睬，冷嘲热讽。

后来，苏秦不改其志，头悬梁，锥刺骨，经过一番努力，终于游说成功，取得了山东六国的相位。回到家中，家人态度立刻就发生了180度的大变化，对苏秦恭敬有加。苏秦不解："何前倨而后恭也？"他的嫂子不好意思地回答说："以季子之位尊而多金。"

苏秦听了这个回答，也忍不住地一番感慨："同样是我这个人，富贵了，亲戚就敬畏我；贫贱时，就轻视我。何况一般人呢？"

这里，苏秦嫂子的"位尊而多金"的回答，何其实在！

这里，苏秦感慨的"富贵"，何其实在！

中国古代社会里，长期推行的"重农抑商"政策，将商业活动视为不法；将商人的政治、社会地位打入另册。这种歧视商人的政策长期以来，已经转化为人们脑海中的一种根深蒂固的观念，压得商人们抬不起头、喘不过气来。他们是富而不贵，虽然有钱，但是社会政治地位很低，尽管付出了极大的努力，但其价值不被人们所承认。要想活得有尊严、有价值，就应当像苏秦等人那样去搞政治、去做官。有了政治地位，社会地位与经济地位也就会随之而来，就会达到让人们尊敬羡慕"位尊而多金"的目的。

经商和从政，是两种不同的社会地位和人生结局，睿智的吕不韦肯定看得清清楚楚。

因为，他是一个绝顶聪明的人。如果说当时绝大多数商人，还能勉强接受这个虽无名声但有实利的现实的话，那么已经通过经商致富、家有千金的吕不韦，却是不愿意再像其父那样生活下去了。

吕不韦肯定不止一次地在内心发问：为什么商人社会地位就该如此低下？为什么千金巨富就不如国家的爵位来得尊贵？自己既然可以赚来千金之财，为什么就不能凭借同样的智慧去通过从政来改变自己位卑却富有的社会地位？

尽管史书没有对此作过详细记载，但从吕不韦后来的人生轨迹与人生追求来分析，我们可以得出肯定的答案：弃商从政，不是他见到秦王孙异人后一时产生的冲动，而应当是他多年来在外摸爬滚打后得出的、早已深思熟虑的结论。

他为什么不去从政呢？钱已经赚得几辈子也用不尽了，赚那么多的钱又有什么太大的意义？

况且，吕不韦不但有想法，更有一般人所没有的社会阅历与投资经验。在吕不韦看来，在当时战争频繁、社会动乱的社会大背景下，要想真正守住自己通过努力赚来的辛苦财富，就不能一味地以财易财，而是要寻求一个长久的稳定之策。这个长久之策就是要用金钱换取权力，以财富变更自己卑微的地位，进而拥有更大的权力。凭借这强大的政治保护伞，不仅最终能让子孙后代守住这得来不易的万贯家财，而且还有可能轻而易举地以更快的速度让其升值、膨胀。

既然现实如此，从来不甘心命运之神摆布的吕不韦，就开始了寻找机会而努力。

实际上，吕不韦来到邯郸以前，就已经开始为积极投身政治而寻找机会努力了。

《先秦职官表》上说：“韩重客卿，位在相国之下一等。”

早年在阳翟已是一个锦衣玉食、富甲一方的巨贾吕不韦，就曾有通过用金钱感情投资换得了一个韩国客卿的经历。

当时，韩国太子的老师季展，因为得罪韩厘王而被贬为庶长。一时困窘在山村野乡，生活颇为艰难。吕不韦经朋友中的高人指点，经常带着钱物去看望他。后来，新韩王桓惠王即位后，季展出山，被拜为韩国丞相。吕不韦也因为自己不多的投资而得到了丰厚的回报。他被季展推荐为韩国的客卿，获得可以出入韩国宫廷的待遇与地位。客卿虽然没有任何实际的权力，但却可以让吕不韦从此高车花马，进入官大夫的交际圈内。这对于一心入仕却又一直苦无门路的吕不韦来说，已经是相当的满意了。

有了这样一个不寻常的、用金钱投资寻找政治靠山的经历，吕不韦的从政念头就更加强烈了。

但是，到哪个国家谋取官职，估计当时的吕不韦一时并没有确定下来。

然而，凭借他走南闯北的阅历、经验以及获得的信息，他很可能早就看出，能够将来统一天下的，只有秦国。秦国应当作为他今后的投资方向与可遮蔽风雨的大树。不过，他有想法，却更看重实际。他从往日的经商经验教训中深深感到，准备重要，机会更重要。机会只给那种早已经有了充分准备的人。他是一个商人，亏本的买卖是不会去做的。

后来的邯郸之旅，可以看作他响应命运女神的召唤；与秦王孙异人在邯郸街头的偶遇，可以视作命运女神垂青他的标志。但决定抛舍家业来帮助异人回国成为秦王，却是对吕不韦眼光、胆量及见识的一次重大考验。

这个决定，从此改变了秦王孙异人与吕不韦的人生道路，甚至深深地影响到了后来中国历史的进程。

这个决定，是吕不韦对当时商人社会地位不公的一次挑战。

这个决定，开了中国历史上以个人财富进而影响国家政治进程的先河。

这个决定，是由非凡的智慧加上超常的财富，再加上非凡的胆量与非凡的努力合和而成。

重农轻商的社会现实与现实社会对商人的不屑与鄙视，终于造就了一位中国历史上敢于赌上身家性命去干预政治的大商人、大政治家。

从众的心理，让吕不韦一直想用金钱的威力摘下自己头顶上这顶让人瞧不起的商人的帽子。他用敢为天下先的投资、智慧、眼光与行动，给战国的历史增添了一道浓重的色彩。在做了秦国的丞相后，他立刻也摇身一变成了一个重农主义者。在他组织门客编写的《吕氏春秋》里，除了多次强调农业为本外，还有一篇论文，题目就叫《上农》。

看来，无论何人，谁也跳不出现实的社会与社会的现实这个社会与历史的怪圈子。环境、价值观念、行为习惯、机遇等往往能影响甚至决定一个人的人生与命运！

五、公孙乾之死

长平战场上的血迹未干，秦昭襄王就又先后派出由王陵、王龁率领的数十万秦军，犹如山呼海啸，将赵国都城邯郸围了个严严实实、水泄不通。

在保卫邯郸的日子里，赵国上下对秦国的愤怒之火已经到了不点也会自燃的地步。

赵孝成王屡次想杀掉异人以泄愤，多亏吕不韦用钱财上上下下打点，异人才得以幸免。

吕不韦认识到，再不赶快想办法让异人脱身归秦，不知哪一天，这个秦国人质就会在邯郸的街头丧命。如果事情发展到这样一个结果，吕不韦的投资也就永无收回之日，他多年的努力也就根本没有实现的可能了。

是该到最后利用公孙乾的时候了。

吕不韦找到异人说："赵王如果再将怒气发泄到公子的身上，可如何是好？不如我们赶紧想办法逃奔秦国，可免祸。"

异人迫不及待地说："先生之意，正是我多日所想。此事全仗先生筹划。"

于是，吕不韦拿出在邯郸家中的所有家资，共黄金600斤。他以300斤黄金遍赂南门守城将军，托言说："我举家从阳翟行商邯郸，不幸战争不断，邯郸围城日久。全家思乡甚切，今将所存资本，尽数分散给各位，只要做个方便人情，放我一家出城回阳翟去，感恩不尽。"

一下子就得到了这么多的享外之财，守将自然没有拒绝的道理。

吕不韦还怕事情做得不踏实，又拿出黄金100斤献给公孙乾，申诉他全家欲回阳翟的意思。他希望公孙乾与南门守将再说一下。守将和军卒都受到了贿赂，怎能不乐得做个顺水的人情。

吕不韦见事情已经安置妥当，就让异人将赵姬母子二人潜寄到母家，接着置酒答谢公孙乾。席间，将公孙乾及左右看守异人的军卒皆灌得烂醉。

到了半夜，异人微服混在仆人之中，跟随吕不韦父子顺利出城，奔向了秦国大营。公孙乾等众人直至天明酒方醒来，异人与吕不韦全家已经早消失得无影无踪。

公孙乾至此才如梦方醒，为自己堕入了吕不韦做的局中而后悔肠青。

公孙乾细算来，从吕不韦赠马给他起，二人从相识到相交也已经有好几年了。其间，吕不韦慷慨大方，屡次赠送银两，公孙乾还为交到这么个朋友而经常自鸣得意。他没有想到，这都是吕不韦先予后取，吕不韦最终达到了他自己的目的，公孙乾却从此将自己送上了绝路。

按国法，渎职国家重要事务者，不仅罪者受诛，其三族亲人也都不能幸免。

最终，公孙乾上表赵孝成王："臣乾监押不谨，致使质子异人逃去，臣罪无所辞！"

此时的公孙乾，无颜再见赵王，再见家人。他心一横，抽出剑来，往颈上一抹，落了个家破人亡空折腾的下场。

公孙乾惨死之日，正是秦王孙异人在吕不韦的精心安排下获得安国君与华阳夫人的宠幸之时。

异人被华阳夫人改名子楚，正式立为安国君的嫡嗣。

吕不韦立国计划的第一步终于变成了现实。

公元前251年，在秦国王位长达56年的秦昭襄王寿终正寝。太子安国君继承王位，是为秦孝文王。子楚在这场王位变更过程中，顺利地得到了太子之位。

三天后，久病孱弱的秦孝文王便突然死去。子楚又名正言顺地继承了王位，成为秦庄襄王。

很快，吕不韦当上了丞相，并被封为文信侯，食河南雒阳十万户。

吕不韦的千金买国计划，鬼斧神工，至此全部实现。

六、两朝宰辅

秦国从庄襄王登位起，便进入了吕不韦时代。

在庄襄王时期，吕不韦连做秦国三年丞相。庄襄王在位三年便撒手人寰，幼冲之年的太子嬴政登临秦国王位。吕不韦继续任相，并以“仲父”身份辅政，成为秦国一人之下、万人之上的，手操国家军政大权的相国。

在秦国政治舞台的聚光灯下，吕不韦光彩鲜亮达十二三年之久。他虽然是商人出身，但绝不是政治上的白痴。他接过秦国先辈兼并天下的接力棒，继续带领秦国向统一天下的目标疾奔。

吕不韦治秦的政绩，主要表现在以下几方面：

1. 宽政待民。据《史记·秦本纪》记载，他当政后的第一件事，就是通过秦庄襄王发布诏令：“大赦罪人，修先王功臣，施德厚骨肉而布施于民。”意思就是释放罪人，表彰先王的功臣，厚待王室宗亲，对老百姓广施德惠。自公孙鞅变法以来，秦素以严刑峻法出名，人们动辄得咎，心中很是紧张与畏惧。吕不韦以宽济猛、宽猛兼用的治国之策，确实在一定程度上起到了招揽民心、缓和社会矛盾的效果。

2. 灭亡东周。进入春秋战国时期，周王朝已经名存实亡。公元前250年，秦昭襄王发兵灭掉了周朝最后一个国君——周赧王，周王朝实际上已经不复存在。但是，在河南巩地，仍然还存在着一个小国东周。它的统治者称周公。周公虽然不称为“天子”，然而毕竟是周王室的残余，因此，它的存在，自然而然就被秦国统治者视为统一天下的一大障碍。

公元前249年，小东周竟乘秦国接连发生国丧之际，自不量力地联合各诸侯国图谋进攻秦国。吕不韦瞅准机会，亲自率兵东进，一举灭亡东周，将其领地并入秦国的版图。

对待末代周公，吕不韦并没有取其性命，而是下令将其迁往阳人（今河南临汝西），让他奉其祭祀，供其香火。吕不韦的这一举措，明显地反映出了他不同于秦国往昔的战争观念。他既消灭东周国的实体，却又不绝其宗祀。这种形象，对于改变天下人对秦国以往“凶残暴虐”的看法、赢得天下士人的好感，具有很大的政治意义。

3. 继续东进。在灭亡小东周的同一年，吕不韦又派将军蒙骜率军进攻韩国，迫使韩国将成皋、荥阳割让给秦国。秦在那里随即设立三川郡。成皋和荥阳历来是兵家必争之地，是秦东进道路上的咽喉所在，秦国得到它们，便打通了通往关东各诸侯国的通道。至此，秦国的东部边界已经逼近魏国都城大梁。

公元前 248 年，吕不韦乘赵、魏进攻燕国，后方空虚的机会，又派蒙骜大举进攻赵、魏。先后夺得太原、高都、汲县、榆次、新城、狼孟等 37 座城池。

公元前 247 年，吕不韦派王龁占领韩国上党，建立上党郡。同时，又在赵国故地太原及附近一大块土地上，置太原郡。

公元前 244 年至公元前 243 年，吕不韦派秦军接连攻占韩国 13 座城池及魏国两座城池。

公元前 242 年，吕不韦派秦军伐魏，攻取 20 余座城池，并在此地设立东郡。

公元前 241 年，吕不韦派秦军灭掉卫国，并夺取魏国的朝歌。

公元前 240 年，吕不韦派秦军攻取赵国的龙、孤、庆都等地区。

公元前 238 年，秦军又向魏国发动多路进攻，占领了桓、蒲阳、衍等重要地方。

昔日兵强地广的赵、魏、韩，现在连苟延残喘的能力也快要丧失了。

吕不韦的远交近攻、连续东进的政策与行动，为秦王嬴政亲政后最后灭亡六国，一统天下，奠定了坚实的基础。

4. 兴修水利。面对秦国虎视东雄的态势，韩国想出了一条自保之计。这条计策就是派当时著名水利专家郑国到秦国，表示帮助秦国修建一条能够灌溉关中土地的水利工程，以此来消耗秦国的人力、物力、财力，达到其阻止或延缓秦国东征的目的。

水利是农业的命脉。既然郑国有这样的建议，吕不韦自然高兴与批准。

后来，郑国的阴谋败露，吕不韦并没有杀他，而是让他继续指挥把水渠修完。这项水利工程，后来被命名为郑国渠。

郑国渠修成以后，“关中为沃野，无凶年”。充足的水利资源，保障了三秦地区的农业生产和百姓的生活，为秦国的统一奠定了更坚实的物质实力。

5. 大量引进人才，编撰《吕氏春秋》。在秦国统一天下已经成为定局的情况下，吕不韦开始思考天下统一后，应该如何才能得到有效治理的问题。于是，他广泛地从东方六国吸收、引进各类人才，采取兼收并蓄的方法，来构建他的治国主张与理论体系。

司马迁说："当是时，魏有信陵君，楚有春申君，赵有平原君，齐有孟尝君，皆下士喜宾客以相倾。吕不韦以秦之强，羞不如，亦招致士，厚遇之，至食客三千人。是时，诸侯多辩士，如荀卿之徒，著书布天下。吕不韦乃使其客人人著所闻，集论以为八览、六论、十二纪，二十余万言，以为备天地万物古今之事，号曰《吕氏春秋》。"（《史记·吕不韦列传》）

《吕氏春秋》全书分为“十二纪”“八览”“六论”三大部分，共161篇。它是中国第一部有主编、有宗旨、有计划、集体编写的政治论著。这本书吸取儒、道、名、法、墨、兵、农、阴阳等诸家之说，内容涵盖政治、经济、军事、农业、外交、伦理、道德、修身等各个方面，同时涉及天文、历法、地理、乐律、术数等，综合诸子，采精录异，自成一家。这本书的编纂与问世，实乃是中国思想文化史上的一大创举。

《吕氏春秋》比较详细系统地记述了吕不韦的治国思想及其主张。

他认为："一则治，异则乱；一则安，异则危。"主张只有天下统一、思想统一，社会才能安定，国家才能太平。他推崇"王者执一以一众"，圣人"能齐万不同"的政治模式，主张建立中央集权，实现国家的统一。

他主张无为为本，德化为主，法术为辅的治国方略。

他赞成儒家的治国理论，却又摒弃了儒家的繁文缛礼、迂腐之论，兼论王霸，重视耕战、法制，比儒家更富有求实的精神。

他同意法家治国，但是却摒弃了法家专任刑法、轻罪重罚的偏弊，主张以无为、德治为主，比法家的代表人物更富有政治的理性。

他欣赏以自然为本，以无为为宗的道家思想，主张将它作为帝王之学的哲学基础。但是，他又摒弃老庄独任清虚，去礼法、薄仁义之弊，主张综合运用各种政治手段，积极求治。

应当说，《吕氏春秋》代表着吕不韦这样一种治国方略与文化政策：以变法与法制为核心，将法家的法治与耕战、儒家的礼治与仁政、道家的无为而治与权术、墨家的义治与节俭以及阴阳家的时政、名家的正名等，融冶于一炉，形成一种相当完备的适应"大一统"需要的政治理论体系，在有利于君主政治的前提下，不尊奉一家一派，力图超越诸子、融通百家，包纳一切有用的思路、方略与治术。

《吕氏春秋》集中了吕不韦的政治主张与施政纲领。可惜，由于他与秦王嬴政之间存在着不可和解的矛盾，这本书还没有来得及发挥作用，就被秦始皇打进了冷宫。

现代史学家郭沫若说过："假如沿着吕不韦的路线下去，秦国依然是统一中国的，而且统一了之后断不会仅仅十五年便迅速地彻底崩溃。"这固然是一种推测，但从当时及以后中国历史发展变化的史实来看，我是完全同意这一分析的。

七、四驾马车

公元前 246 年，嬴政登上了秦国的王位。

当时，他还不过是一个小孩子，年龄还不到 13 岁。

依照秦国制度，在举行成人礼之前，他不得亲政，而由他的母亲赵姬以太后和监护人的身份代行王权。

这说明，在秦王嬴政亲政之前，赵姬是秦国法定的最高统治者，她拥有对国事的最终裁判权，其他人均无最后决定权。

从历史文献的记载来看，当时调动军队的文件不仅要盖上秦王之玺，还要加盖太后的印玺。这表明，年幼的秦王嬴政还没有完全的行为能力，许多政务虽以嬴政的身份发号施令，但显然是经过太后启示甚至指令的，属于补助行为能力。

母后代行王权，大臣代理政务，这种权力体制虽然属于君主制度权力结构的一种非正常状态，但是，它并不一定必然要伴随权力腐败或者政治危机。只要太后有治国能力，能够严格、谨慎地使用权力，全心全意真诚地辅佐幼主、大臣尽心尽力，一样可以把国家治理好。

按照正常的情况，母后的监护权力因夫死子幼而产生，也必将随着幼皇长大而取消。到了幼君长大亲政之日，太后就要归还权力，届时国家的权力结构就又可以恢复到正常的状态。

但是，在专制集权的权力结构重新恢复常态之前，王权只能处在某种的变异状态。而王权的变态，往往是诱发各种权力危机、政治危机的重要原因之一。代行王权的母后，任何不慎，都可能招致严重的政治后果，甚至引发动乱，危及幼主的生命与地位。秦王嬴政的母亲就因为自己的私欲差一点断送了其子的大好前程。这是秦王嬴政在亲政前最头痛、也是最无奈的一件事情。

国王身处幼龄，太后又不懂政治，必然要委政于有威望、有权力、有资格、自己又信得过的大臣。吕不韦早就与太后有着特殊关系，而且又有连立两主之功，特殊的身份与地位，足以使他大权在握。

吕不韦的权力来源于三个方面：

1. 制度化的权力，即相权。他是秦国的相邦（相国）。作为百官之长，他位极人臣，堪称“一人之下，万人之上”。

2. 特殊的授权。吕不韦是秦庄襄王的老师，又有定国立君之功。君臣之间亲密的私交，使吕不韦自然而然地成为托孤大臣，加上太后的授权，被秦王嬴政尊为“仲父”。“仲父”称号不是官名，也不是爵位。从字面上看“仲父”称号就是叔父的意思。或许，吕不韦用这种称号来暗示自己与秦王嬴政之间有着一种非同寻常的关系，以使秦国上下臣民及幼主对自己的地位不要去怀疑或者挑战。

在春秋历史上，管仲曾经也有过“仲父”这个称号。他辅佐齐桓公成为春秋五霸的霸主之一，让齐国走上富国强兵、威震诸侯的道路。齐桓公则对管仲绝对信任，放手使用，将齐国的国政全部交由他来处理，自己不加干涉。

吕不韦号称“仲父,”显然是以相齐的管仲自比，一方面要决心用自己的才能去把秦国的事业发展到一个新的顶点；另一方面则暗示臣民，他将像管仲相齐那样处理秦国的政务，而无须得到嬴政的授权。

3. 窃取的权力。吕不韦是太后赵姬的前夫和情人。庄襄王死后，他们旧情重叙，吕不韦利用职务之便，随意进入宫廷，与太后幽会。《史记》称“秦王年少，太后时时窃私通吕不韦”。这种男女之间的特殊关系，就使得吕不韦可以通过影响代行王权的太后赵姬而操纵秦国的最高权力。

当上述三种权力叠加在一起的时候，吕不韦在秦国权力结构中所处的地位就非比寻常了。他实际上掌握了秦国的大政。事实上，从庄襄王登位到秦王嬴政十年，是吕不韦操纵秦国政权的时代。

从秦王嬴政后来的性格特点来看，他是一个有着极强的权力欲和控制欲，绝对不甘人下者。但在他 13 岁到 21 岁之间，也就是吕不韦专政秦国的时期，他是无法按照自己的意愿来行事的。为了保全自己，他只能压抑与苦闷自己。但这种埋藏于内心深处的长期不满的种子，一旦破土吐芽，其爆发力、破坏力之强，就应当可想而知了。

吕不韦在掌握着秦国的最高权力，把秦国统一大业继续向前推进的时候，却有意无意地犯了一个重大的政治错误，从而成为他垮台的引线。

这个重大的政治错误就是不顾秦王及国家的重大利益，为了太后的淫欲，把嫪毐引入秦国的中枢权力结构中。

嫪毐原是吕不韦的舍人。经吕不韦推荐，嫪毐得到太后的宠幸，遂野心顿生，开始染指国家的最高权力。这种情况，就使得秦国的最高权力结构更加变态，并且引发了不正常的权力之争。它使秦王嬴政处在更加危险与尴尬的境地，为最高权力的平稳过渡和顺利交接设置了更大的障碍。

至此，秦国同时有四个人有条件直接操纵最高权力：法定的暂时最高统治者太后赵姬；名分上的最高统治者秦王嬴政；实际分享最高权力的相国吕不韦；获得太后绝对宠幸与授权的嫪毐。

秦国内乱由此而起。

实际上，吕不韦推荐嫪毐也实属出于无奈。

当时，“始皇帝益壮，太后淫不止”。吕不韦担心两人的奸情最终败露而灾祸降临，最终，他想出了一个金蝉脱壳的馊主意，即找一个生殖器壮大、性欲极强的人送给太后以替代自己。最终，他发现并找到了“大阴人”嫪毐，在制造了一个假“宫刑”游戏后，将他送进宫去。谁知，“太后与私通，绝爱之”。(《史记·吕不韦列传》) 嫪毐不仅由此得宠，“赏赐甚厚，事皆决于嫪毐”，而且在太后的支持下，嫪毐的权势迅速发展到与吕不韦不相上下，以至于秦国人们常把嫪毐、吕不韦并提：“与嫪氏乎？与吕氏乎？”(《战国策·魏策》) 这种情况，严重地破坏了秦国中枢权力结构的稳定，将幼主嬴政置于更加凶险的境地。

太后赵姬自恃位极权重，夫丧子幼，纵欲无度，淫乱宫闱，这种事情本身并不算是一件太大的事情，如果她不让供她恣意淫欢的嫪毐参与军国大事，而只让他以宦官身份随侍左右，后来秦国最高政治权力结构的动荡，可能就会避免。可惜的是，太后不是一个真正懂得运用权力的女人。她为让嫪毐高兴，竟然利用手中掌握的最高权力，封嫪毐为长信侯，先后赏赐山阳、太原郡等大片土地。不仅如此，为了讨嫪毐高兴，她还授予嫪毐享有王室的各种特权，甚至与嫪毐生下了两个儿子。

据说，太后与嫪毐有一个秘密的协定：一旦秦王嬴政不幸而亡，就拥立两人的私生子为秦王。

也许，正是处于这个见不得人的动机，太后才极力扶植嫪毐，让他拥有巨大的权力、很高的政治地位以便应对各种意外之事可能导致的政治危机。

事实上，太后赵姬的这种安排，并不是有意针对自己的亲生儿子嬴政，她也未必能有这种眼光与权术。或许，她意在防止嬴政万一突然死去而危及自己的既得利益。这种假想实际上更能符合这位女人的秉性与做法。但她不会想到，她的这种安排却是在助长嫪毐进一步染指最高权力的欲望，大大增加幼年秦王嬴政的生命风险。

对于嫪毐来说，他既无能力、又无威望来保持自己因为太后宠幸而轻而易举得到的荣华富贵。随着嬴政一天天长大，亲政之日已经不远。一旦太后归政，自己的奸情暴露，后果自然可想而知。利用太后的糊涂与其手中的最高权力，寻找时机除掉幼主嬴政，为自己的亲生儿子谋取最高的权力，就成为嫪毐唯一的生存与保全富贵的办法。除了这条路，难道他还有别的办法吗？后来发生的事实证明，嫪毐确实已经在谋划如何除掉秦王嬴政的计划了。

有了太后的支持与鼓励，嫪毐开始着手准备叛乱。

他利用自己的权势与地位，打着太后的旗号，以功名利禄和荣华富贵为诱饵，把宫中一些掌握兵权和机要的人物，逐渐培植成自己的势力。掌握宫廷保卫与巡视的卫尉竭、首都附近地区的最高行政和军事长官内史肆、在宫廷内统领射箭卫士的佐弋竭、在宫殿中侍奉国王咨询政事并参与议论朝政的中大夫令齐等，都成为嫪毐企图夺取最高权力的死党。不仅如此，嫪毐还积极发展并控制属于自己的军事力量，把自己在地方上培植的县兵、忠实的门客、宫廷的卫兵、骑兵以及拉拢收买的少数民族的军队，都作为了他将要发动一场流血政变的主要力量。

情况表明，秦国政局将要发生一场大的变动，秦王嬴政的生命处在严重的危险之中。而这所有的一切，吕不韦不仅在送嫪毐进宫前没有想到，而且他更是脱不了嫌疑与干系。

权出四门，使秦国的政局增加了许多的变数。这让广大臣民在面对当权者的争斗时而不知应该何去何从。臣民们的犹豫不决与延迟观望，本身就孕育着巨大的政治危机。《吕氏春秋》说："今御骊马者，使四人人操一策，则不可以出于门闾者，不一也。"秦国的政治形势，正好符合这个比喻：太后赵姬、相国吕不韦、幸臣嫪毐、秦王嬴政，"人操一策"，一起驾驭驱使着秦国这驾马车。四股力量几近分庭抗礼，又彼此形成错综复杂的关系。

在这种情况下，太后赵姬左右为难，因为其余三股势力都与她有着千丝万缕的联系：幸臣嫪毐别无退路，他只有选择时机发动宫廷政变，杀掉秦王嬴政以求一逞；相国吕不韦的处境更是难堪，他是推出嫪毐的祸首，又与嫪毐及秦王存在着权力上的斗争，无论嫪毐与秦王生死安危、结局如何，他都无法彻底摆脱干系、消除忧患；秦王嬴政也有为难之处，他与嫪毐集团已经你死我活，但解决这个集团的问题又必定牵涉到母后与仲父吕不韦。

在当时的条件下，解决这种政治困境的唯一方式，就是重新恢复最高权力出于一门。而能够光明正大的、最符合秦国国家利益的、最顺理成章的、又能将政治动荡危机降到最低限度的，就只有秦王嬴政的亲政与太后及相国的还政了。

四驾马车彻底摊牌与翻脸，已经不可避免。

八、走上不归路

公元前 238 年，秦王嬴政已经 22 岁。

按秦国的礼制规定，四月，嬴政来到宗庙所在地——秦国旧都雍，行加冠礼，完成成年仪式，正式主持国政。

与此同时，围绕最高权力而展开的政治斗争，也从暗斗转向明争，一场你死我活的厮杀已经无法避免。

按照秦国的制度，秦王嬴政亲政就是一次最高权力的交接。一旦嬴政行冠礼、佩宝剑、完成成年的仪式，他就可以名正言顺地全部收回由母亲和吕不韦所代管的权力。太后、吕不韦和嫪毐都要退出最高权力层，交出他们曾以不同名分、不同形式实际掌握或分享的那一部分最高权力。

秦王嬴政必须要收回最高权力。

于公，这是国家制度的规定。收回最高权力，让全国臣民知道权力集中于秦王，这有利于秦国的政治稳定与号令的贯彻执行。

于私，这是嬴政保全自己性命的关健。收回最高权力，可以防止篡权弑君乃至宗国覆灭的悲剧。

就主观而言，嬴政要成为真正的秦王，就必须这样做；

就客观而言，权力运行的法则也迫使嬴政不能不这样做。

但是，“树欲静而风不止”。嫪毐集团不允许秦工这样做；吕不韦集团也不希望秦王这样做。

从现存的历史资料来看，太后赵姬对嬴政亲政的具体心态已经不得而知。他是嬴政的生母，按道理是不应反对儿子亲政的。但是，我们不要忘记她与嫪毐已经生有两个私生子，与他们在感情与需要上已不可能完全割断。嬴政收回权力，便意味着她从此就不能再保护她身边最离不开的亲人与情人；就再不能随心所欲地与他们共享荣华富贵了。这样看来，在这场权力交接面前，她的心情应该是相当复杂的。

吕不韦执掌秦国大权已经十二三年，门生故吏遍布朝廷内外。拥有权力的喜悦与失掉权力的滋味，其间的反差是巨大的。有资料表明，他已经在运用“仲父”的力量，力图把亲政后的秦王继续控制在他的牢笼之中。

嫪毐更是惶恐不安。

与太后私通而生子，淫乱宫闱，这是死罪；在人前充秦王“假父”，属大不敬，这是死罪；专擅权力，败坏朝纲，这还是死罪；无功受封为长信侯，拥有山阳、太原二郡封地，引起国人纷纷责难，破坏秦国的授爵封赏制度，这也是死罪；图谋让自己的私生子取代秦王嬴政的地位，这更是十恶不赦之罪；勾结朝臣，建立自己的反叛力量，这也是死罪。秦王亲政与太后交出最高权力，这意味着嫪毐集团灭顶之灾即将到来。嫪毐集团必须冒险一搏，必须在嬴政亲政前或亲政中将他除掉。俗话说：“胜者王侯，败者寇。”嫪毐集团只能孤注一掷，发动叛乱势所必然。

果然，公元前 238 年，嫪毐集团趁嬴政到雍举行加冠礼的时机，发动了政变。嫪毐矫用秦王玺及太后玺，征调“县卒及卫卒、官骑、戎翟君公、舍人，将欲攻蕲年宫”。(《史记·秦始皇本纪》)

蕲年宫，就是秦王嬴政在雍下榻住宿的地方。

但是，嫪毐集团太高估他们的那一点势力了。

年轻的嬴政，早已做好防范与平叛的准备工作。

很快，不得人心的嫪毐集团叛乱被镇压，其所有成员被一举清洗。

同时，秦王嬴政一举从太后手中接收过最高权力，并把太后软禁在雍的萯阳宫。

紧接着，秦王嬴政又将剑锋指向了吕不韦。

事实上，在秦王嬴政亲政前的一两年内，吕不韦就已经察觉出这个幼主对自己的潜在威胁。

早在秦王嬴政八年 (公元前 239 年)，吕不韦挑选了这个嬴政亲政前一年的不寻常的日子，将《吕氏春秋》这部早已经开始编纂的著作，挂在咸阳都门。吕不韦宣布 :“有能增损一字者予千金。”

当然，人们都不是傻瓜。他们看透了吕不韦的政治伎俩，知道这种钱是挣不得的，因而，当时竟“无能增损者”。

这正是吕不韦在此时公布此书想要达到的效果。

秦史专家林剑鸣在所著《秦史稿》中分析 :“他不过是借此机会向秦王嬴政示威，要他看看相国的力量究竟有多大。不仅如此，他公布《吕氏春秋》还为了要秦王嬴政从行动上到思想上都接受他的控制。”

史学家郭沫若也认为,《吕氏春秋》许多内容，都是吕不韦针对嬴政的思想性格和心理特点而写的，希望嬴政能够按照吕不韦的思想去治理国家，“俨然就像在耳提面训一样。”

但是，秦王嬴政恰恰不是吕不韦希望的那样的君主。随着他的年壮及从政经验的成熟，他不仅不能再接受吕不韦的摆布，而且还要独治其民，不愿别人共享他的权力。

二人的矛盾与冲突主要表现在：

1. 秦王嬴政与吕不韦的个人感情关系上。

吕不韦与秦王嬴政的父、母，均有着特殊密切的历史渊源关系。秦王嬴政的父亲庄襄王就是靠吕不韦一手扶植才登上秦国王位；秦王嬴政的母亲赵姬原本为吕不韦的爱妾，后来被庄襄王看中才成为庄襄王的王妃。吕不韦与赵姬一直以来缠绵的感情，秦王嬴政是了然在胸的。外间乡间传言吕不韦是秦王嬴政的真正生父，也是秦王嬴政十分头痛的一件事情。本来，他是应当感恩吕不韦的。没有吕不韦这位政治投资家的努力，嬴政就不可能有现在这样辉煌的前程与巨大的权力。凭感情而言，无论嬴政童年在邯郸的日子，还是在咸阳宫的日子，吕不韦对他的关怀与疼爱，都是他不能忘记的事情。但是，这位“仲父”却一直把他当作小孩子看，不让他沾握秦国真正的最高权力，这又是秦王嬴政长期记恨于心、不能释怀的事情。更何况，吕不韦与太后的这种情人关系，又让他处在何其尴尬的境地。有谁知道，多少个夜晚人们熟睡的时刻，秦王嬴政却在暗暗咀咒着吕不韦与太后这种不能光明的勾当。

现在，嬴政亲政了。为了权力与政治理想，无论是不是吕不韦的亲生儿子，他都必须坚决认定，他是庄襄王的长子而与吕不韦没有任何血缘上的关系。要达到这一目的，就必须斩断感情上的情丝，将吕不韦彻底置于死地，绝不能心慈手软。秦王嬴政只能用这种行动向世人表明：他与吕不韦没有坊间传闻的那种血缘与感情上的关系，以此来维护他得来不易的秦国王位与最高权力。

2. 秦王嬴政与吕不韦在思想上和政见上也存在着巨大的分歧。

郭沫若在对《吕氏春秋》作了深入细致的研究后指出，从政治主张上看，吕不韦的观点包括：

他是反对家天下的；

他是尊重民意的；

他是赞成修齐治平的哲人政治的；

他讴歌禅让；

他主张君主无为。

而秦王嬴政则是：

天下一人之天下也，非天下人之天下也；

主张极端专制，不让人民有说话的余地；

他反对那一套修齐治平的迂腐的理论；

像这样一位极端神秘主义者，极权主义者，实行万世一系的人，他当然反对君主无为说，而对于禅让说，论理得尤当反对的。

秦史专家林剑鸣也认为："他（指秦王嬴政）不仅不能容忍，像吕不韦这样热衷权势的、以仲父自居的人，而且同儒家宣扬的重民思想根本就格格不入，所以他对于《吕氏春秋》宣扬的观点，有很大一部分是抵触的……无论是谁妨碍他独断专行，都是他所不能允许的。在这一点上，法家绝对的君主极权的主张，倒是颇合他的口味。这样，秦王嬴政 22 岁亲政以后，同吕不韦的矛盾公开爆发，乃是势所必然的了。"

3. 吕不韦在处理太后宫闱及嫪毐事情上的错误，给秦王嬴政的亲政，甚至生命，都造成了极大的威胁。

吕不韦身为国相，不注意从行为上约束自己，经常出入宫闱与太后私会，已经是年轻的嬴政所不能容忍的了。更为可气的是，为了满足太后的私欲，吕不韦竟置秦国法律制度于不顾，举荐嫪毐进宫取悦太后。嫪毐乱党的可怕膨胀，固然太后应负重大的责任，但始作俑者却是吕不韦。按秦律，举荐不力者连坐。嫪毐是何下场，吕不韦按律例也应该得到同样的报应。

4. 吕不韦权势太大，功高震主，为秦王嬴政所惧怕。

（1）吕不韦有雄心，有胆量，有肩膀，敢做别人不敢做的事情。

（2）吕不韦先后拥立两代君主，身居相国之位并实际掌握或分享权力 10 多年，在国内外享有很高的声望。

（3）吕不韦广纳门客、招罗人才，又领有 10 万户封邑，拥有 3000 门客和数量庞大的家奴。朝廷内外，遍布着他的人脉，形成了一股以他为首的盘根错节的强大政治利益集团。

这样看来，除掉吕不韦的力量，收回掌握在吕不韦手中的最高权力，应当是秦王嬴政蓄谋已久的计划了。

嫪毐集团的反叛及其被清除，也恰好为嬴政处理吕不韦集团提供了机会。

这是因为，查处嫪毐之事必然牵连到吕不韦。嫪毐获得太后宠幸，起因得力于吕不韦的举荐。此前就有人揭发“嫪毐实非宦者，常与太后私乱，生子二人，皆匿之”。于是秦王嬴政下令调查，“具得情实，事连相国吕不韦”。（《史记·吕不韦列传》）嬴政以此向吕不韦开刀，于法有据，并非师出无名，不怕众人不服。

但是，吕不韦集团并非嫪毐集团那样简单。吕不韦又没有公开地反叛，其能力、资望又深服人心。因此，对于处理吕不韦，秦王嬴政谨慎小心，颇费了一番功夫。

第一步，秦王嬴政十年（公元前 237 年）十月，秦王嬴政根据众人的请求，没有立刻杀掉吕不韦，而是以吕不韦与嫪毐之乱有牵连的罪名，免去其相国的职务，收回其手中掌握的一切实际权力。

第二步，逐出咸阳，“就国河南”。将他赶出都城，让他到远离政治中心的封地河南雒阳去居住。

第三步，进一步将吕不韦及其家族戍迁到地广人稀、消息蔽塞的蜀地居住。

在河南封地居住的一年多时间里，吕不韦不知俭束自己，仍然与东方各国诸侯来往频繁，继续过问政治事务。“诸侯宾客使者相望于道，请文信侯。”（《史记·吕不韦列传》）这种情况，使本来就对吕不韦很不放心的秦王嬴政更加猜忌。为了根绝后患，他抹去了对吕不韦的最后一丝柔情，决定除掉吕不韦。况且，亲政两年来，秦国的军政官吏已经团结到了以他嬴政为首的旗帜之下，政权过渡的危机已经过去，朝廷上下对吕不韦鸣不平的声音已经低了下去。

是该最后下手的时候了。

对秦王嬴政来说，要杀掉这个曾经有恩于他父子两代、自己多年称为“仲父”的人，他就得首先战胜自己。在权力利害与道义、感情的天平上，自古及今，命运之神都将它严重倾斜在权力与利害的一方。韩非子不是说过，有三种情况对君主最危险吗？“一曰同床，二曰在旁，三曰父兄”。如果吕不韦不是与他嬴政过于亲密、过于洞察，掌握着他的一切漏洞、弱点，而且，又过于雄心勃勃，不断过问政治事务的话，他嬴政杀掉吕不韦干什么？长痛不如短痛，必须除掉这个心腹大患、影响秦国政局稳定的定时炸弹。

于是，深谙吕不韦心理弱点的秦王嬴政挥笔写下了比刀剑还要锋利的一道谕旨：

君何功于秦？秦封君河南食十万户。君何亲于秦？号称仲父，其与家属徙处蜀！（《史记·吕不韦列传》）

这话的意思很明白：吕不韦你对秦国有什么功劳？秦国封你享受河

南10万户的租税？吕不韦你与我秦王有什么亲缘关系，竟敢号称“仲父”！现在我命令你与你的家属都迁到人迹罕至的蜀地去！

这封谕旨是秦王嬴政对吕不韦的政治地位和亲情关系的彻底否定。

第一，你吕不韦与秦国无功，就不应该享受国家的租税食邑；

第二，你吕不韦与我无亲无故，就不应该号称“仲父”。

第三，一个既对秦国无功且又与我毫不沾亲的人，赶快远远地离开这里，最好从我的视线中永远消失。

平心静气地说，秦王嬴政写出这样的东西来，也该是一件很不容易的事。他必须否定父亲庄襄王与他二人过去给吕不韦的封地与尊号；必须忘掉他在童年时代受到的吕不韦的关怀与照顾；必须将他内心深处的一丝柔情彻底抹掉。

权力欲的膨胀，很容易使人变态。秦王嬴政只能这样完全颠倒黑白是非。

读过秦王嬴政派人送来的谕旨，吕不韦知道自己已经到了人生的终点。

他知道这是嬴政要他马上去死。

于是，他草草安排好家事，然后举起了斟满鸩酒的酒樽。

吕不韦死后，嬴政仍然没有放过他的全家及其门客故友。对于前来哭临吕不韦的人，一律给予严厉的处置：

其舍人临者，晋人也逐出之；秦人六百石以上夺爵，迁；五百石以下不临，迁，勿夺爵。

秦王嬴政还明令宣布：

自今以来，操国事不道如嫪毒、不韦者籍其门，视此。

这也就是说：以后再有敢与秦王争权者，就把全家登记造册，重者处死，轻者收为官奴。秦王嬴政就是这样将吕不韦作为反面教材，要求掌权者引为鉴戒。

据司马迁说："当是之时，天下大旱，六月至八月乃雨。"

九、盖棺不能定论

有句成语叫盖棺论定。

就是说，一个人的是非对错只有等他过世后评价才能客观公允。否则，"周公恐惧流言日，王莽谦恭未篡时。"

可是，这个成语，对于吕不韦可不怎么适用。

因为，在他死后，人们对他的看法一直分歧很大。

除了司马迁，自汉至清，人们对之大都采取了不屑一顾的态度。

有人骂吕不韦是"小人"。

也有人说吕不韦是"乱民"。

还有人将他与梁上君子挂起钩来，斥责他为"穿窬之雄"。

明初大儒方孝儒具体列出了吕不韦的三大过错："以大贾乘势市奇货；致富贵而行不谨；其功业无足道者。"

清人徐时栋更以"蜂毒"比喻吕不韦。

到了 20 世纪 40 年代，郭沫若根据自己的研究，第一次提出吕不韦"在中国历史上应该是一位有数的大政治家"。

改革开放以来，以任继俞为代表的一批学者，把吕不韦界定为秦汉时期的一位有作为的政治家、思想家。

两千年来，人们对吕不韦的行为评价是众说纷纭，褒贬不一。公说公有理，婆说婆有理，仁者见仁，智者见智。不同的人思想境界与标准不同，对吕不韦的看法自然也会千山万壑，深浅不同，这本是极正常不过的道理。

在我看来，评价一个历史人物，是不能纯取道德伦理标准、事先戴上有色眼镜的；也不能以自己所处时代的价值观为标准；更不能以成败论英雄。

在我看来，吕不韦是中国历史上以个人家财、个人智慧，投资政治，并且取得巨大成功的第一人。

在他之前，中国历史上没有哪位商人能像他那样有着远大的目标、正确的眼光、敢作敢为的气魄、务实的风格，并凭借这些特质取得了泽及当世、名留青史的辉煌成果。

在他之后，有他那样想法的商人倒是不少，跃跃欲试的也大有人在，但却没有一个人能够再尝到像他那样巨大胜利的喜悦与滋味，得到像他那样空前绝后的成绩。

用“前不见古人，后不见来者”来论定他的成绩似乎并不见得过分。

在我看来，他是一位斗士。

他生在那个天下大乱、战争频繁的年代，但没有被战乱压垮。

他生在那个“商为四民之末”、商人为人最不齿的年代里，却敢于突破人们的世俗观念，投身商海，用自己的智慧与勤劳，经商致富，家累千资。

他在人们见之却唯恐躲避不及、看来似乎毫无希望的人质异人身上，却能发现跻身政界的巨大商机。他敢抛舍千金家财，敢做人们做梦都没有想到的立君取国的大事业。

在我看来，吕不韦是中国历史上不多的几位伟大的投资家、商人，他也是中国历史上一位比较成熟的政治家与思想家。

在中国历史上，能够在政界、商界、思想界同时为后人所铭记的人寥如晨星，但吕不韦就是其中一位佼佼者。

中国人把“立德、立功、立言”视为人生的三不朽。立德，吕不韦看来没有做到；不过立功、立言放在他的身上，倒也有其恰当的位置与说法。

他以一个普通的商人，用自己赚来不易的财富，两立秦国的君主，怎能谓之无功？他任秦国丞相10多年，接过秦人前辈的接力棒，继续开疆拓土，在统一天下大业的道路凯歌行进，为秦王嬴政最后灭亡六国、统一天下奠定了最后的基础。以此说功，功劳大矣，何谓无功？

他组织门客能人，花费多年心血，力图为秦国统一天下后治理国家提出一种新理论、新思维、新方式。几度寒暑、几多心血，一部力作《吕氏春秋》的问世，奠定了他在中国思想史立言榜上有名的地位。秦始皇如果不去因人废言，而是借鉴《吕氏春秋》中的合理内核，其一手创立的大秦帝国，何至于暴兴而又暴亡！

在我看来，吕不韦又和我们常人一样，是一个有血、有肉、有感情、有私心的凡夫俗子。

他能力颇强，手段颇高，智慧颇多，胆略、气魄颇大，固然无可置疑。但商人重利的本性以及在两性关系处理方式等问题上的低能，在他身上也是客观存在的。可以说“成也萧何，败也萧何”。他因钱财、女人而成事，最终也因钱财、女人而败事。

第一，与赵姬关系处理不当，是造成他最终家毁人亡、前功尽弃的一个重要原因。

聪明、漂亮的赵姬本来是吕不韦在邯郸的尤物。但当他决定为大事而把赵姬让给秦王孙异人后，就应当从此与赵姬在男女感情上一刀两断。尤其是异人成为秦王、赵姬成为秦王妃后更应如此。但是，在特殊的环境中，人的理性总是因为某种欲望或者情感的支配而输给以动物性支配的感情。数年后，在秦庄襄王死后，吕不韦与赵姬，两情相悦又死灰复燃。这个时候，他们只剩下了作为生物性的男人和女人的角色，而作为万民之仪的相国与太后的社会角色，他们则是处理得一塌糊涂。

吕不韦在割舍不下昔日感情的同时，也注意到了少年秦王那冷冷的目光与琢磨不透的神情。作为一个有头脑的政治家，他也认识到了自己是在玩火，弄不好就会“自焚”其身。他开始清醒，终于下决心远离太后，不再出入宫闱。但是，青春守寡的太后又太需要一个男人。吕不韦要脱身，谈何容易。他终于想出了一个脱身自保的办法：给自己找个替身。于是，便将自己的舍人、性欲旺盛的嫪毐推荐给了太后。

这种剪不断、理更乱的感情关系，这种给自己情人送情人的低能做法，终于造成了秦国最高政治层面的一场重大灾难，也导致了吕不韦自己的灭顶之灾。

第二，在处理嫪毐问题上的私心，是促成吕不韦政治失败的又一个重要因素。

让吕不韦万万没有料到的是，作为市井无赖的嫪毐，竟然在太后的“绝爱”下开始染指秦国的最高权力。何止于此，简直是小人得志、肆无忌惮，将一个宫闱丑事播弄得纷纷扬扬，让国内外都注意到了这个秽色丑闻。

如果此时的吕不韦，拿出他本色中的果敢，利用手中的大权，处理掉嫪毐这个渣滓，倒也不是一件太难的事情。可是，他私心太重了。商人只重眼前利益的劣根性，完全挡住了他本应该具有的更长远的眼光。他一怕得罪太后，二怕秦王嬴政亲政后收回自己的代管大权。他打起了精明的算盘：让嫪毐与嬴政搞一场角斗，他则坐山观虎斗。

如果嫪毐取胜，他则趁机干掉嫪毐，重立新君，继续手操秦国的实权；如果嬴政取胜，他也不失时机地帮助嬴政干掉嫪毐，取得功业。只可惜，这一次，他失算了。嫪毐这个丑角是他推出来的，不管嫪毐成败如何，他都难脱干系！

第三，在既得利益面前，只知大踏步地前进，不知大踏步地后退，这是吕不韦失败的第三个因素。

常言道，日中则移，月满则亏，水满则溢。持盈保泰是人人在成功后都想达到的一种境界。可是，遍观中外历史，能这样做到的又有几人？做上“仲父”前的吕不韦是明智的，因此，他取得了成功。做上“仲父”后的吕不韦又是糊涂的，因此，他犯了一系列不可宽恕的致命性错误，最终造成了他的悲剧人生。

吕不韦不明白这样一个简单的道理：他只是秦国政权中的一个配角；他姓吕，不姓嬴，主角是正在日益成熟的少年秦王。在他的内心深处，或许不甘心于做这个配角，认为自己有能力管理好这个超级大国。但是，他不甘心的东西却是客观存在的不可逾越的一个事实。任何想跨越这个雷区的人，都注定没有好的下场。他想与秦王嬴政叫板，企图控制嬴政的治国方略与具体的做法，这是他最不成熟的一步棋。自古以来，虽说王权与相权一直存在着斗争，但非此即彼，除非特殊环境，一般失败的都是相权。原因很简单，君权的帽子本身就可以压死人。

知进而不知退，不把君王放在眼中，死抓着手中的权力不放，处理不好国事与私事的关系，太过务实的商人本性……这一切都说明，吕不韦还不是一个真正成熟的政治家。他或许是一个成熟的商人，但政治家的思维中充斥太多的商人因素则非败不可。司马迁在《史记·吕不韦列传》的结语中，将吕不韦的人生境界定格在：是一个“闻者”，而不是一个“达者”，看来确实是有其一定的道理。

写到这里，我想借司马迁的“孔子之所谓‘闻’者，其吕子乎”的议论再发一点自己的感慨。

孔子对于“达”“闻”的见解，可在《论语·颜渊第十二》中见到其说。

子张问：“士何如斯可谓之达矣？”子曰：“何哉，尔所谓达者？”子张对曰：“在邦必闻，在家必闻。”子曰：“是闻也，非达也。夫达也者，质直而好义，察言而观色，虑以下人。在邦必达，在家必达。夫闻也者，色取仁而行违，居之不疑。在邦必闻，在家必闻。”

子张是孔子的学生，上述这段文字记载了他向孔子就“达”“闻”内在涵义的讨教过程。

孔子认为：“所谓达，就是品质正直，按义办事，善于分析别人的话，观察别人的脸色，待人谦虚退让。这种人在朝廷做官时一定通达。隐居在家时也一定通达。所谓闻，就是表面上好像爱好仁德，行动上却是另一回事情，而自己却以仁人自居，深信不疑。这种人，在朝廷做官时一定会有名声，居家时也一定会有名声。但却较达相比，已经低了不止一个境界。”

实际上，“达”“闻”之理虽然简单易懂，但综观人类的历史长河，真正能够做到既达又闻的并无几人。

吕不韦不惜押上身家性命，其实得到的不过是一时的权势与名利。他以才求富，以富求贵，以钱换权的交易，从古及今，多少人如出一辙！

他富而贪贵，富贵而纵欲，权重而骄横，位高而跋扈，得陇而望蜀，势极而败亡，从古及今，又有多少人能悟透其中道理！

第六章

丞相李斯的大气与狭隘

李斯死了，他是死在名利场上，死在不坚持政治原则上，死在不知变通与权变上，死在了他懦弱的性格上。要是他不参与沙丘之变，或者在危机关头，不去苟全富贵，用手中的权力与威望来主动扭转乾坤，也许，秦始皇就不会断子绝孙，秦国就不会因而失去宗庙与血食，后来中国的历史也许会因此而改写。在关键时刻，如果他真的去为大秦帝国的利益力争一把，我相信，他的命运也会改写。

一、囚牢中的呐喊

公元前208年7月，秦国咸阳十分炎热。都城的空气中，到处弥漫着一种令人们烦躁不安的气息。

李斯被投入牢狱已经好几天了。

几天来，没有人理睬这个帝国昔日的丞相，他也没有被审讯。囚室里空空荡荡的，只是每天送来三餐劣质粗糙的饭菜。

这一切，李斯一时还适应不过来。

几天前，面对天下纷乱、大祸已降的现状，他联合右丞相冯去疾和御史大夫冯劫，上书秦二世，希望帝国这位年轻的主人能够轻徭薄赋，停建阿房宫，亲贤人，远佞臣，重新有所振作。但是，好心不得好报。秦二世不但没听，反而将他们三人免职下狱，命令有司查实罪状，依法处置！

冯去疾与冯劫性情刚烈，认为这是对他们人格的极大污辱。他们说，“将相不辱”，愤然自杀，用鲜血与生命，表达了他们对这个昏庸帝王的不满，也表达了他们对这个行将灭亡的王朝的绝望。

作为帝国的丞相、位列三公已经几十年的李斯，此时此刻，满脑子浮动着的全是怨恨与愤怒，其中也夹杂着些许的恐惧。昨日自己还是钟鸣鼎食、前呼后拥，今朝醒来为何就成为一个囚犯，形同猪狗，在牢中被人不理不睬？

更糟糕的是，他不知道事情的发展将会是一个怎样的结局。

他控制不住自己，破口大骂：

嗟乎，悲夫！不道之君，何可为计哉！昔者桀杀关龙逢，纣杀王子比干，吴王夫差杀伍子胥。此三臣者，岂不忠哉，然而不免于死，身死而所忠者非也。今吾智不及三子，而二世之无道过于桀、纣、夫差，吾以忠死，宜矣。且二世之治岂不乱哉！日者夷其兄弟而自立也，杀忠臣而贵贱人，作为阿房之宫，赋敛天下。吾非不谏也，而不吾听也。凡古圣王，饮食有节，车器有数，宫室有度，出令造事，加费而无益于民利者禁，故能长久治安。令行逆于昆弟，不顾其咎；侵杀忠臣，不思其殃；大为宫室，厚赋天下，不爱其费：三者已行，天下不听。今反者已有天下之半矣，而心尚未寤也，而以赵高为佐，吾必见寇至咸阳，麋鹿游于朝也。(《史记·李斯列传》)

骂得是有些重了。

他先破口大骂秦二世为“不道之君”，认为不值得辅佐并与他共图大事。

然后，他把自己视为夏朝末年的忠臣关龙逢、商朝末年的忠臣比干、春秋末年吴国的干将伍子胥。他把秦二世比作历史上以昏庸残暴出名的暴君夏桀、商纣王、吴王夫差。他甚至认为秦二世的暴虐无道超过了前面三人。

他把秦二世所做的坏事，一件不少地全抖了出来。

他指斥秦二世杀兄篡位，残害忠良，对天下百姓横征暴敛，做出种种伤天害理的事情。

他对陈胜、吴广举事以来的天下大乱，甚至表露出了些许赞叹之色。

他嘲笑：现在反秦者已有天下之半，秦二世居然还执迷不悟，继续任用像赵高这样的奸佞之辈。

他甚至预言：不久的将来，反秦大军必将攻破都城。咸阳宫将变成一片废墟，那时，其间必然是断壁残垣、野草蔓生，只剩几只麋鹿徜徉其间。

该发泄的发泄完了，想继续骂下去也觉得口干舌燥了。冷静下来后，李斯终于发现：他身处的不是富丽堂皇的相府，而是阴冷潮湿的囚室。他不知道，牢房外面，不知有多少双眼睛，正在盯着他的一举一动；不知有多少只耳朵，正在偷听着他的一言一语。

李斯虽然是发泄胸中的闷气，出口以吐痛快，但是仅凭此已足以定其死罪了。

果然，李斯的对手赵高笑了。他怀揣着手下刚刚搜集来的李斯在狱中的狂言，忙不迭地向秦二世宫中居处奔去。

看来，这一次，李斯是彻底地死定了。

果然，秦二世闻之大怒，派赵高亲自主审李斯一案。

蒙在鼓中的李斯，对发生的这一切还一无察觉。他脑海里种种杂乱的思想还在不断地翻滚。他一会儿绝望，一会儿又幻想联翩，自以为“有功，实无反心”，还不至于遭到天惩。他真的还不想死。

最终，他决定上书自陈，幻想着这个糊涂的皇帝能够幡然通悟而赦免自己。

于是，他再三请求狱吏给他拿来笔墨，用尽自己的才华在竹简上落笔道：

臣为丞相，治民三十余年矣。逮秦地之狭隘。先王之时秦地不过千里，兵数十万。臣尽薄材，谨奉法令，阴行谋臣，资之金玉，使游说诸侯，阴修甲兵，饰政教，官斗士，尊功臣，盛其爵禄，故终以胁韩弱魏，破燕、赵，夷齐、楚，卒兼大国，虏其王，立秦为天子。罪一矣。地非不广，又北逐胡、貉，南定百越，以见秦之强。罪二矣。尊大臣，盛其爵位，以固其亲。罪三矣。立社稷，修宗庙，以明主之贤。罪四矣。更克画，平斗斛度量，文章布之天下，以树秦之名。罪五矣。治驰道，兴游观，以见主之得意。罪六矣。缓刑罚，薄赋敛，以遂主得众之心，万民戴主，死而不忘。罪七矣。若斯之为臣者，罪足以死固久矣。上幸尽其能力，乃得至今，愿陛下察之！（《史记·李斯列传》）

从灭亡六国开始到秦帝国建立，李斯一口气为自己列举了七大不世功劳：

1. 辅助秦始皇统一了天下；

2. 辅助秦始皇扩疆拓土；

3. 辅助秦始皇建立皇朝的秩序；

4. 辅助秦始皇加强皇权；

5. 辅助秦始皇制定与推行符合帝国利益的一系列经济政策；

6. 发展帝国交通事业；

7. 辅佐君主建立君主与百姓之间的融洽、和谐关系。

李斯以反说正，表面上是为“认罪”，实际上是为表功。李斯用正话反说的语气，一半哀怨，一半乞求。他希望秦二世看了会受到感动而回心转意，“寤而赦之”。他怕失去他拼掉青春才得到的爵禄权力，怕丢掉他历尽千辛万苦才得到的荣华富贵。

他，更怕死。

他刚刚还在骂秦二世为无道昏君，还在谴责自己为什么就那么糊涂去为他尽忠、“为计”！怎么一会儿又执着地认为，二世皇帝是受了人的蒙蔽。只要二世皇帝觉醒过来，就会录其功，释其罪，正视听，申正义，允许他重返相位，再效全力？

这封带着李斯满腔希望的上书，很快就落到了要坚决置他于死地的政敌赵高的手中。一句轻描淡写“囚安得上书”，这封上书就被扔进了废物堆中。

二、目标：官仓鼠

唐朝时一个叫曹邺的诗人，曾经以《官仓鼠》为题，写过一首揭露贪官污吏搜刮民脂民膏的著名诗篇，全文曰：

官仓老鼠大如斗，见人开仓亦不走，

健儿无粮百姓饥，谁遣朝朝入君口。

老鼠历来是以“小”和“怯”出名的。除了“小”与“怯”，它还有贪婪与报复的特点。它们昼伏夜动，见人就跑，所以有“兽之大者莫勇于虎，兽之小者莫怯于鼠”的说法。

然而官仓鼠却非同一般：它们不仅大——“大如斗”；而且勇——“见人开仓亦不走”。它们钻入国家的官仓，不仅衣食无忧，连胆子也变得大而勇了起来。

比唐朝还早一千余年，远在我国的战国时代，就已经有一个人深深悟通了这一点，并且总结出了一套老鼠哲学来身体力行。

这个人就是本文中的李斯。

李斯，上蔡人。上蔡在当时是楚国的地盘，因而李斯是一个不折不扣的楚国人。

李斯少年时家境贫寒，这使他后来的人生一直蒙着一层自卑自贱的阴影。为了摆脱这个阴影，他奋斗拼搏并取得了令人赞叹的业绩。也是这个阴影，使他在关键时刻总是缩首缩脚，做出一些愚蠢的事情而最终抵销了他的业绩与努力。

李斯凭着聪明、好学，被人举荐为上蔡小吏；又因善于思考、总结，办事干练，深得郡守的赏识与器重。

郡守高车大马的豪华生活、颐指气使的官僚派头，与李斯妻儿老小的贫寒生活，唯唯诺诺、动辄挨训的卑微地位，形成了鲜明的对比与反差。李斯在心中一直苦苦地思索，这一切到底是因为什么？

终于有一天，李斯从老鼠的日常生活中找到了答案。

李斯是在上厕所的时候，突然对人生有了感悟的。

他来到茅厕，还未解衣，就惊散了粪坑里的一群老鼠。这些老鼠又小又瘦，毛色灰暗，且探头探脑，胆小谨慎。它们吃的是污秽的粪便，见到人来狗撵就惊慌逃窜。

李斯突然想起了他随郡守巡视时，在粮仓里看到的老鼠。那些家伙，吃着公家堆积如山的粮粟，住着宽大舒适的房舍，没有风吹雨淋，没有人来打扰，一个个吃得脑满肠肥、皮毛油亮、硕大无比。原来，这老鼠的世界中也有等级的差别！

顾“鼠”自怜，李斯不禁感慨万端。在上蔡郡府之中，他自居人下，看人脸色，受人管制。在上司面前，他永远是个不被看重、微不足道的小人物。甚至，上司根本不把他当人看。

李斯终于发现：他现在的处境就像是茅厕里的老鼠，贫贱低下，任人欺侮。

他不禁想到：人有地位高下、尊卑之别，就像这老鼠一样，全看是处于何等的环境。郡守有何德何能？他凭什么就那样趾高气扬、目中无人？那些高官贵人们有何德何能？他们凭什么就身穿锦绣的衣裳、吃喝着山珍琼浆、居住着豪华美屋、生活得毫无顾忌？还不是因为他们手中掌握着主宰别人的权力？

他突然觉得，那官仓里的硕鼠正在蔑视着他、耻笑着他。笑他的卑微、笑他的处境。

他终于感悟到：人与老鼠一样，荣辱穷达、贵贱贫富，就看他处在什么样的环境。

于是，李斯在茅厕里发出一声感叹："人之贤不肖譬如老鼠矣，在所自处耳。"(《史记·李斯列传》)

意思是说，一个人有无出息就像这老鼠，在于能不能给自己找到个优越、享受并且安全的环境。

于是，李斯决定离开上蔡。离开这个使他自尊心、名利欲大受损伤的地方，离开这个使他贫贱、卑微、屈居人下的地方。

他要向仓中鼠学习，要以仓中鼠为他的人生奋斗目标。他要从茅厕跳向谷仓，再从小谷仓跳进大官仓。这是一种处于下层而又不安于下层的心理状态。这是一种决心凭借自己的打拼来改变自身不利处境的奋发进取的精神。但是，在这种心理与精神中，不可避免地也夹杂了众多自卑、可怜以至可鄙、过分利己等的消极因素。

李斯的第一跳，是脱离上蔡地方小吏的这种处境，去向当时的硕儒荀子学习帝王之术。

荀子，名况，字卿，赵国人。他是战国时期与孟轲齐名的一代大儒，当时已经名满天下。公元前255年，荀卿来到楚国的兰陵，被春申君举荐为兰陵县令。

李斯心中清楚：凭借他的出身资历，是不可能谋取到想要的高官显爵的。要想达到目的，就必须像苏秦、张仪那样，先去拜师学艺，用学到的一技本领，达到与诸侯各国交易的目的。当时，天下显学有三家，即儒、法、兵。儒讲仁政，法主法治，兵讲杀伐。荀况儒法兼通，外儒内法，在当时各诸侯国中名声很大，跟着荀况学习，是自己鱼跃龙门的捷径。经过思考，李斯决定追随荀卿学习所谓的帝王之术。

据史书上记载，李斯是在路上遇见荀卿，并拦车拜师的。

李斯跟着荀卿来到兰陵。在这里，李斯用心苦学三年，为他以后在秦国的从政打下了坚实的基础。

李斯拜荀子为师，并不是想在学术上取得多么重要的地位。他很可能还认为他的恩师是一位只知道皓首穷经、著书立说的迂儒。他投到荀卿的门下，只不过是想寻找一个天梯，做一个过渡，丰满一下自己的羽毛罢了。缘此，他在格外勤奋的同时，十分关注当时各国的局势发展。

按道理，李斯是楚国人，应当在楚国寻求发展空间的。但由于楚国当时已经一蹶不振，他认为不值得再为之效命、托付一生；东方列国又都日趋衰落，无法施展他的抱负。当时只有秦国，自商鞅变法以后，蒸蒸日上，国势强盛，具备统一天下的条件，李斯于是决定西游入秦。

据司马迁在《史记·李斯列传》中记载，李斯在告别老师荀子时，直抒胸臆，曾说过这样一些话：

斯闻得时无怠，今万乘方争时，游者主事。今秦王欲吞天下，称帝而治，此布衣驰骛之时而游说者之秋也。处卑贱之位而计不为者，此禽鹿视肉，人面而能强行者耳。故诟莫大于卑贱，而悲莫甚于穷困。久处卑贱之位，困苦之地，非世而恶利，自托于无为，此非士之情也。故斯将西说秦王矣。

这个告别宣言，有以下几层意思：

1. 李斯认为眼前正是自己取得功名的最佳时机。

2. 人生最大的耻辱莫过于卑贱，最大的悲哀莫过于穷困。

3. 游说秦王，帮助秦国统一天下，进而达到自己功利并得的目的。

读着这段对话，我们分明可以感受到这位急于求取功名、改变现状的青年学子那种激烈的心跳；分明可以看到那只厕中鼠急于跳出秽污之地的活生生的身影；分明可以听到这个对人生探索还处在青涩阶段的、不甘人下的进取者那既自卑又纯真的呐喊。

李斯把改变自己卑微的地位、猎取荣华富贵，作为自己人生唯一的目标，这是他积极进取的动力，也成为后来葬送他自家性命的祸源。

俗话说，知徒莫如师。了解自己学生的，莫过于授业的老师。

据史料记载，“李斯之相秦也，始皇任之，人臣无二，而荀卿为之不食，睹其罹不测之祸。”

意思是说，当李斯做上秦国丞相后，秦始皇重用他，大臣中没有一个能比得上他的，然而他的老师荀卿，却预见到李斯将要遭到不测之祸，因而为他担心忧愁，以致饭也吃不下去。按通常道理看，师以徒荣。学生成为大秦帝国的堂堂丞相，他的老师该为之高兴、荣耀才是，然而，对李斯飞黄腾达，荀子不但不高兴，反而更加忧虑。看来，荀子对他这位功名心太重的学生，是真正了解到家了。

李斯的第二跳，是从荀门跳进吕不韦的门下，成为吕不韦赏识与重用的舍人。

公元前 247 年，李斯来到秦国的首都咸阳。这时，正赶上秦庄襄王病逝，秦王嬴政刚刚继位。嬴政当时只有 13 岁，秦国的大权完全掌握在太后与丞相吕不韦的手中。

李斯看到秦国权势一时尽集吕不韦的手中，便改变直接游说秦王的最初打算而转投到了吕不韦的门下，成为吕不韦家中的一名舍人。李斯十分努力，给吕不韦留下了很好的印象。

终于，吕不韦完全信任了李斯，把他安置到秦王的附近，让他成为秦宫中的一名侍从卫官。

这样，李斯在很短的时间内就完成了第二次的跳跃。他终于跳进秦国丞相的粮仓，成为了一名名副其实的“官仓鼠”。

李斯的第三次跳跃，是从吕不韦处跳到了秦始皇身边。从一个不稳固的小粮仓，跳进了一个固若金汤的大粮仓。

由于被吕不韦任命为宫廷郎官，李斯就有了接近秦王的机会。

天赐良机，已经成年的秦王嬴政马上就要亲政国事。这位已接近冠礼的青年国王，性格坚毅，豪情满怀，雄心勃勃。

站在秦王附近，一直在精心观察的李斯，很快就发现了秦王与吕不韦、与嫪毐集团之间，因为权势而发生的不可缓解的冲突。从中，他看到了自己如朝阳般鲜亮的前程。

他巧妙地利用能够接近秦王的便利条件，直接越过吕不韦，向秦王嬴政献计献策，开始出售自己的帝王之术。

李斯指出，秦国统一天下的机会已经成熟。他希望秦王能够抓住这个机会，利用好这个机会，扫平诸侯，一统天下，成就一番前无古人、后无来者的帝王事业。

李斯说：

昔者秦穆公之霸，终不东并六国者，何也？诸侯尚众，周德未衰，故五伯迭兴，更尊周室。自秦孝公以来，周室卑微，诸侯相兼，关东为六国，秦之乘胜役诸侯，盖六世矣。今诸侯服秦，譬如郡县。夫以秦之强，大王之贤，由灶上骚除，足以灭诸侯，成帝业，为天下一统，此万世之一时也。今怠而不急就，诸侯复强，相聚约从，虽有黄帝之贤，不能并也。(《史记·李斯列传》)

李斯接着又献兼并的计策：阴遣谋士赍持金玉以游说诸侯。诸侯名士可下以财者，厚遗结之；不肯者，利剑刺之。离其君臣之计，秦王乃使其良将随其后。

李斯的才能，受到了秦王嬴政的赏识与认可。他先被任命为长史，不久又升迁为客卿。

从这时开始，李斯这个总是自认为卑微的上蔡布衣，在秦王嬴政实施统一大业及建立与巩固帝国的过程中，一路蹿升，由客卿而廷尉，由廷尉而丞相，又被封为通侯，可以说是一路顺风，飞黄腾达。在此期间，秦始皇对李斯的信用和恩宠也达到了无以复加的地步。最突出的表现就是李斯不但身为国相，而且“诸男皆尚秦公主，女悉嫁秦诸公子”。这对君臣竟结成了中国历史上少有的儿女亲家。李斯的事业与人生进取已经达到了顶峰。

一个人到了顶峰，也就开始了他的下坡之路。

就在秦始皇去世的前一年，已过花甲之年的李斯，凭借着他的政治敏感，开始隐约地认识到了这一点。

据《史记》记载，当李斯的长子三川守李由告归咸阳，李斯在百官前来凑热闹的“天下第一宴”上，曾经喟然长叹：

嗟乎！吾闻之荀卿曰“物禁大盛”。夫斯乃上蔡布衣，闾巷之黔首，上不知其驽下，遂擢至此。而今人臣之位无居臣上者，可谓富贵极矣。物极则衰，吾未知所税驾也。

税者，脱也。税驾，就是到达了终点。以它来比喻人生，就是结局，归宿一类意思。

知之难，行之更难。知道这个道理是一回事，能够循理实践却是另一回事。李斯认识到富贵权势不可太过分，懂得物极必反、盛极则衰的道理。可是，一牵涉到他的权力地位，他就又将这个道理抛诸脑后，不知道激流勇退、明哲保身。最终，这个仓中肥鼠走上断头台，虽说情有可原，但谁又能说他不是咎由自取呢？

这也说明，一个人早年形成的观念与习惯，竟是如此地难以超越。虽然已经贵为帝国的丞相，但在李斯的骨子里却仍然装的是上蔡小吏的本质。

三、丞相的大器与小气

李斯始终认为，他是一个聪明人，一个凭着自己的能力，改变了自己与秦国命运的人。他得意，秦帝国的创业史上深深地打烙着他的印记。一个有大功于国家的功臣，怎么能就这样不明不白地遭到杀害呢？想到这里，他的嘴角露出一丝自负与宽慰的微笑。往日成功的业绩一件件又浮上了他的脑海。

1. 他李斯及时看到了秦国统一天下的时机，上书敦促秦王嬴政及时抓住并利用了这一千年未有的有利形势，最终兼并六国，实现了国家的统一。

2. 他李斯策划并参与了灭亡六国的战争。在狱中上书中，他曾经不加掩饰地夸耀自己，把秦国统一大业的功劳，全部搬上了自己的功劳簿。

3. 他曾经在公元前 237 年，针对秦王下的逐客令，马上果敢地、针锋相对地奉上了一篇《谏逐客令》，劝阻了秦王逐客的错误行为，保证了秦国人才没有因此而流失，这对于秦国的强盛与帝国的建立，起了十分重要的作用。

那时的李斯，是多么激情与勇敢呀！他在谏书中第一句就开门见山地写道：

臣闻吏议逐客，窃以为过矣！

敢于一上来就直指秦王之错误，直捣秦王之软肋，这需要多么大的勇气呀！

李斯在谏书中毫不客气，他用秦国的历史与现实状况说明：接纳外来人才还是驱逐外来人才，这对秦国的兴亡有着至关重要的作用，驱逐客卿将会导致秦国的灭亡。

李斯大胆地告诫秦王：

地广者粟多，国大者人众。兵强则士勇。是以泰山不让土壤，故能成其大；河海不择细流，故能就其深；王者不却众庶，故能明其德。是以地无四方，民无异国，四时充美，鬼神降福，此五帝、三王之所以无敌也。今乃弃黔首以资敌国，却宾客以业诸侯，使天下之士退而不敢西向，裹足不入秦，此所谓"借寇兵而赍盗粮"者也。

这篇刀笔锋利、有理有据、大气磅礴、几乎无懈可击的文章，被后人收进了《古文观止》一书中，流传很广。不经意间，李斯为后人留下了一篇千古吟颂的美文，以至于两千年后，一向评价文章十分苛刻的大文豪鲁迅，也按捺不住对此文的推崇，称："秦之文章，李斯一人而已。"

人们常说，一言可以丧邦，一言也可以兴邦。李斯以他的雄辩之才折服了秦始皇，震惊了秦始皇。秦帝国的军功章上，确实应当记上李斯的这一份实在不小的功劳；两千年前后的中国文坛，也没有忘记他的犀利文笔与辩才。

4. 他辅佐秦始皇建立了中国历史上第一个帝国制度。在秦国的历史上，曾经有两次称帝的行动，都因列国的反对而草草收场。只有这一次，才到了瓜熟蒂落、水到渠成的时候，演出的是一出庄严堂皇的正剧。在秦国政治这个大舞台上，李斯不仅参与了演剧，而且还是主要编剧与导演之一。

（1）他帮助秦王嬴政建立了皇帝制度。议定了皇帝自称“朕”，所下的命称为“制”，令称作“诏”，臣下向皇帝进言或上书称为“奏”的程序规范。秦王嬴政称秦始皇，以后二世、三世，永永远远，传之无穷。

（2）他辅佐秦始皇建立了以三公九卿为框架的强有力的中央集权的专制政体。中央设置丞相、太尉、御史大夫，称为三公，分别掌管帝国的行政、军政与司法三大体系。三公之下设九卿，以辅助三公，达到治理好国家的目的和要求。地方设置三十六郡。郡下设县，郡县听从中央。

（3）他辅佐秦始皇统一文字、货币与度量衡，最终清除了由于长期分裂割据而遗留下来的地方差异，使中华民族此后虽屡经战乱、分裂而不亡，国家长期赖以保持统一。

但是，他太看重名利，更害怕失去名利，这是他性格上的弱点，也是他以“仓中鼠”为人生目标的必然结果。

为了保持和争取更高的权位，他杀害了同窗韩非，怂恿秦始皇焚书、坑儒。

1. 因为嫉妒同学韩非的才华，他用计杀掉了奠定中国历史上法家理论的领军人物。

韩非是战国末年韩国贵族的后代，中国法家思想的集大成者。

当初，他与李斯同为荀卿门下的弟子。

当时，荀卿最看重的并非李斯，而是说话口吃的韩非。在老师的眼中，韩非为人正直、聪颖勤奋。荀卿屡屡在他的弟子面前放言：“帝王之术非韩非不能大，法家之思非韩非不能广。”荀卿对韩非的赞赏，被李斯看成是对自己的严重伤害，李斯后来杀掉韩非，这也是原因之一吧。

当然，韩非入秦后，引起了秦王嬴政的极大兴趣，直接威胁到李斯在秦王心目中的地位与政治命运，这是李斯决心下手置他于死地而后快的直接原因。李斯担心韩非会超过自己，堵塞自己的升迁之路，因而与姚贾一起联合陷害韩非。

韩非一心关注着动乱不已的六国纷争，想用自己的法家思想货于“帝王家”。却没提防那一心要算计他的已经嫉妒得红了耗子眼的同窗好友。他没有想到，李斯端给他的，不是一碗羊肉泡馍，而是一碗要他命的鸩药。

《史记·老子韩非列传》上记载：

非使秦，秦王悦之，未信用。李斯、姚贾害之，毁之曰：“韩非，韩之诸公子也。今王欲并诸侯，非终为韩不为秦，此人之情也。今王不用，久留而归之，此自遗患也，不如以过法诛之。”秦王以为然，下吏治非。李斯使人遗非药，使自杀。韩非欲自陈，不得见。秦王后悔之，使人赦之，非已死矣。

2. 为了讨好秦始皇，他提出焚书的建议。

公元前 213 年，秦始皇在咸阳宫大宴群臣。博士 70 人上前敬酒、祝寿。仆射周青臣赞颂秦始皇实现天下一统，“以诸侯为郡县，人人自安乐，无战争之患，传之万世”，威德超迈古今。博士淳于越却对此不以为然。他实话实说，认为分封制有其合理的地方：

“事不师古，而能长久者，非所闻也。”

淳于越以兴亡论政，断言事不师古则必定速亡。这就基本上否定了秦朝的政治模式和秦始皇的千秋功德。

如此重大的政治问题，以如此尖锐直白的方式，在如此重要的场合提出，自然不可能不引起秦始皇的极大反感与极大关注。

果然，“始皇下其议”。

善于揣摸帝王心理的李斯本来就是郡县制的倡议者。

现在，有人胆敢否认他的提议与主张，跟他过不去，老鼠爱报复的性格马上就充斥了李斯全身的细胞。

况且，他深深地了解秦始皇，知道这位表面上不动声色的皇帝，此刻心里正在想着什么事情。

于是，他挺身而出，迎合秦始皇的心理，上纲上线，小题大做，把本来可以讨论的正常问题扩大为敌我之间的斗争。

李斯上书说：

古者天下散乱，莫能相一，是以诸侯并作，语皆道古以害今，饰虚言以乱实，人善其所私学，以非上所建立。今陛下并有天下，别白黑而定一尊；而私学乃相与非法教之制，闻令下即各以其私学议之，入则心非，出则巷议，非主以为名，异趣以为高，率群下以造谤。如此不禁，则主势降乎上，党与成乎下。禁之便。臣请诸有文学诗书百家语者，蠲除去之。令到满三十日弗去，黥为城旦。所不去者，医药卜筮种树之书。若有欲学者，以吏为师。(《史记·李斯列传》)

秦始皇当然同意李斯的意见，于是，一场震惊中国历史的焚书事件，就这样不可避免地发生了。始作俑者，恰恰就是以读书为资本，进而求取功名并且取得了成功的李斯。读书人烧书，表面上大谬不然，实际上存在着深层次的复杂原因，也真实地反映了李斯内心深处阴暗的一面。

3. 他支持秦始皇的“坑儒”主张，做了秦始皇坑儒的帮凶。

在秦朝历史上，人们常常把另一个事件与焚书并称，这就是坑儒。

坑儒事件，起因于术士侯生、卢生等方士对秦始皇的欺骗与谩骂。

方士所以屡屡得手，是他们揣摸透了秦始皇急于求取仙药、以求长生的迷信心理。李斯身为帝国丞相，目睹了秦始皇被方士蒙骗的全部过程。作为秦始皇十分信任的重要官员，李斯不但不去劝阻，反而一味迎合，阿谀奉承，从而导致秦始皇被骗得越陷越深，以致最后下不了台。坑儒事件的发生，与李斯的这种苟且自保的老鼠性格有着很大的关系。

公元前 214 年，秦始皇下达了“坑儒”令，方士与儒生 460 人被全部坑杀。秦始皇以极其野蛮残暴的方式，制造了一起骇人听闻的人间惨剧。

坑儒事件并非只有一次，据东汉人卫宏在《诏定古文尚书序》中记载，秦始皇还阴险地对儒生进行过一次大规模的诱杀。

一年冬天，在骊山麓一个叫马谷的地方，秦始皇令人种了瓜。此处因有温泉，地气上升，致使冬日瓜熟。秦始皇诏令博士儒生前往观看，并进行解释。事前，秦始皇使人安置好机关，待儒生正在激烈争议时，机关由上而降，将儒生们全部活埋，这一次，活埋 700 余人。

我们无法断定这则史料的真伪，但秦始皇自从焚书事件以来恨透了儒生，却是真实的事情。他不想以儒立国，他推崇的是法家的严刑峻法。在这期间，作为帝国丞相的李斯，确实起到了推波助澜的作用。

焚书、坑儒，这两桩涉及秦帝国根本利益的暴虐事件，是这个新生不久的帝国一个转折的信号。

在焚书坑儒的过程中，帝国上层曾经有一个年轻人，看到了这种事情的严重后果。

他就是秦始皇的长子——公子扶苏。

扶苏试图劝谏秦始皇，结果被秦始皇怒而赶出咸阳。扶苏离开帝国的政治中心，对大秦帝国的灭亡，起到了一种微妙的加速作用。

史学家翦伯赞先生认为，秦始皇晚年，帝国庙堂之上已经形成了三种政治力量：

一是以扶苏为首的新贵族派。因为扶苏是秦始皇的长子，按照习惯上的立嫡以长的惯例，他被立为太子只是早晚的事情。由于他“信人而奋士”，朝中拥护与瞩目他的大臣不在少数。

二是以李斯为首的官僚派。经过30多年的经营，这一派把持着中央行政大权，在相当程度上左右着帝国的方针。

三是以赵高为首的宦官派。他们包围着秦始皇，掌握着宫廷的机要和秘密，一旦出现某种时机或变局，他们就会运用手中掌握的皇权资源，成为主宰局势的重要力量。

扶苏的为人与主张，显然与后两派有着明显的距离。他代表着本土派的利益，不可能为其他两派所喜欢与认同。

因此，扶苏的去留，对这个尘埃并未落定的帝国，就具有十分重要的意义。

秦始皇让扶苏远离政治中心，客观上让人们产生了对扶苏未来地位的怀疑与观望。

扶苏经此打击，对自己的前途，不免也会产生悲观的念头与想法。

所有这些，都为秦始皇猝死外地，赵高、李斯施展阴谋来蛀蚀这个还十分脆弱的年幼帝国，冥冥中提供了契机。这一切，却都是独断专行的秦始皇所绝对始料未及的。

焚书坑儒，给这个初创的帝国带来的潘多拉盒子，马上就要打开了。

四、帝国的杀手

公元前210年，即秦始皇三十七年七月丙寅，秦始皇在沙丘病亡，终年50岁。

秦始皇在巡游途中意外地死去，他一手制造的潘多拉盒子，在赵高、李斯的合力开启下，终于给秦帝国带来了致命的灾难。

临终前，秦始皇遗诏扶苏：

以兵属蒙恬，与丧会咸阳而葬。

中国历史上唯一自称始皇帝的人，就这么死了，死在一个露浓花重，已是孟秋，天气却依然炎热的早晨。

在秦始皇的尸体旁，赵高笑了，笑得那样疯狂，那样无所顾忌。

多年来，他匍匐在这个专制君主的脚边，连大气都不敢出一下，每天只能行为收敛，竭力装出一副忠顺的样子。现在，多年的压抑一下子没了，他顿时感到释然。

赵高感到，自己独霸朝政的机会来到了。他要立随行而来的胡亥为皇帝。这是因为，他不仅是胡亥的老师，二人有着不同寻常的亲密与信任关系，更重要的是，他了解胡亥，知道他是一个幼稚平庸之辈。立胡亥为帝，将他控制在自己的手心中，秦王朝的大权岂不是唾手可得？

想法虽然美好，但实行起来却有着很大的难度。

首先，要扣住秦始皇的遗诏。这事情好办，他负责皇帝的符玺，文件由他收发。现在遗诏在他的手中，他可以压住不发，等事成了再说。

其次，说服胡亥，让他和自己联手发动政变。这件事也不难。胡亥是他的学生，听老师的。赵高要立他为帝，这么好的事胡亥不会不干。说服胡亥，赵高有把握。

再次，他已经利用秦始皇之手，将大臣蒙毅远远地打发去祭司山川，去为已死的皇帝祈福去了。政敌不在身边，他的阴谋便于实施。

最后，也是最重要的，要说服随从而来的丞相李斯，让他与自己合谋去发动政变。

赵高知道，李斯是朝中最有实力的大臣，手中握有百官推荐任命的权力和资源。不说服李斯参与到这个废立计划中来，他的阴谋就不可能有得逞的机会。

对于说服李斯，虽然难度最大，但赵高也很有信心。

凭借与李斯在一起共事几十年的经验，他深深地了解李斯贪婪富贵而又胆小如鼠、没有个性的性格与心理。

赵高本来就是一个玩弄阴谋的高手，善于利用人性弱点做文章是他的特长。他要直取李斯的最薄弱处，让李斯被迫成为自己的帮凶。

李斯清楚地记得，赵高利用软硬兼施的手段，先使他被迫就范。然后，他一步步在赵高设置好的圈套中越陷越深。

赵高早就料到，一旦摊牌要李斯合作，一定会遭到李斯的反对。因此，他毫不犹疑地使出了两个杀手锏。

1. 他先和盘端出蒙恬与扶苏二人的合作关系，指出，如果扶苏继位，李斯的丞相之位就可能不保的严重性。

赵高毫不客气地单刀直入："丞相，我想问您一个问题。您和蒙恬相比，谁的本事更大？谁的功劳更高？谁的谋略更加深远而不失误？天下百姓更拥戴谁？你们两人谁与扶苏的关系更好？"

事实当然明摆着：蒙恬文武双全，李斯与蒙恬相比，差得不是一个等级。

赵高又继续劝说道："丞相您知道，我本来就是一个下贱的宦官，有幸能凭借熟悉狱法文书进入秦宫。我在秦宫管事二十多年，还没有见过被秦王罢免的丞相功臣有封爵还能传给下一代的，他们都是以被杀而告终。您知道，皇帝有二十多个儿子，皇帝的长子扶苏刚毅而又勇武，信任人而又善于激励士人。即位之后，他一定要用蒙恬做丞相。一旦到那时，您想再怀里揣着通侯之印安全返乡也不可能了。"

赵高用历史与现实中的利害关系恫吓李斯：扶苏一旦继位，不仅你李斯的丞相之位不保，而且家人的生命也可能无法保全。这些话直戳李斯的心窝，令李斯不寒而栗，不由不同意赵高的想法。

2. 赵高告诉李斯：胡亥已经同意继位。他是奉胡亥之命来劝说丞相的。同意不同意您随便。

赵高奉劝李斯：您听从我的计策，就会长保封侯，并永世相传；如果您现在放弃这个难得的机会而不听从我的意见，一定会祸及子孙。

赵高的这两个杀手锏，出手厉害，给了李斯致命一击。在赵高的利诱与威胁下，李斯贪生怕死、贪婪权力的思想一下子都被激活了。

此刻，李斯左右为难，愁肠百结。

拥立扶苏，赵高的分析确有道理，蒙恬不仅才智出众，而且又手握重兵，那时靠边站的可能就是他李斯了。

不拥立扶苏，自己就背叛了先帝的托孤遗诏，而且自己也并不看好胡亥，帝国将来政治前途如何，又实在令人难以预料。

再看蒙毅不在身边，赵高与胡亥已经合起手来。赵高心狠手毒，胡亥对他言听计从，不跟随他们，自己的生命也随时可能发生危险。

李斯终于决定：同意赵高的决定并尽全力配合他们完成这次政变行动。

这一决定，把李斯打回了几十年前的原点。不，确切地说，连原点还不如。因为这个决定，不仅会要了他自己的命，他的三族亲人也会因之走上不归之路。

沙丘附逆以后，在秦始皇的尸体旁，赵高、胡亥和他，凑成了帝国临时最高权力的三驾马车。之后，他们就一起向这个新建的帝国举起了屠刀。

第一狠刀，是阴谋除掉秦始皇临终指定的接班人——公子扶苏及其羽翼。

始皇至沙丘崩，秘之，群臣莫知。是时丞相李斯、公子胡亥、中车府令赵高常从。高雅得幸于胡亥，欲立之，又怨蒙毅法治之而不为已也，因有贼心，乃与丞相李斯、公子胡亥阴谋，立胡亥为太子。太子已立，遣使者以罪赐公子扶苏、蒙恬死。(《史记·蒙恬列传》)

赵高、李斯秘不发丧，封锁秦始皇已死的消息。

他们把秦始皇的尸体放置在一辆辒辌车内，让亲近的宦官如往常一样继续陪乘，路上继续向秦始皇的车上送各种吃喝的东西，每天百官奏事如常，就像秦始皇活着时一样。这为他们的政变计划争取到了充裕的时间。

第二，他们撕毁秦始皇给公子扶苏的遗诏，篡改、伪造了两份诏书。

一份是立公子胡亥为太子。

另一份是“书赐公子扶苏、蒙恬，数以罪，赐死”。

当然，篡改、伪造诏书的杰作，自然非李斯莫属。过去，他将他的这个文才用在了建立和巩固这个帝国的事业上；而今，他却要用他的才华去做这个帝国的掘墓人。

第三，矫诏封就后，他们立即派心腹侍臣作为特使，带上矫诏书、秦始皇的太阿宝剑，飞速前往上郡，处理掉公子扶苏。

第四，杀掉帝国的文武二大臣蒙毅、蒙恬兄弟。

第五，趁众大臣与诸公子还蒙在鼓中，日夜兼程，马不停蹄地赶回咸阳，抢先一步进入阿房宫，占据皇帝大位。

扶苏是继秦始皇后全国臣民盼望已久的人物，蒙恬、蒙毅是这个帝国举足轻重的大臣，秦二世还没有坐稳帝位，就急于除掉这三个心腹大患，用他们的人头来作为他嗣位的祭礼。这一残害忠良的举动，给这个并不平静的帝国，铲出了墓坑的第一锨土。

据史料记载，使者回来，带回扶苏、蒙恬已死的消息，“胡亥、斯、高大喜”。

第二狠刀，是砍向秦始皇的全部儿女与故旧大臣。

沙丘之变后，胡亥与赵高的篡权行为引起了诸公子与大臣们的怀疑。面对疑虑的目光，赵高忧心忡忡，感到危机四伏。秦二世也深怕诸公子知道了真相，会惹来祸乱。

秦二世问赵高：“大臣不服，官吏尚强，及诸公子必与我争，为之奈何？”

赵高趁机建言：

> 严法而刻刑，令有罪者相坐诛，至收族，灭大臣而远骨肉；贫者富之，贱者贵之。盖除去先帝之故臣，更置陛下之所亲信者近之。此则阴德归陛下，害除而奸谋塞，群臣莫不被润泽，蒙厚德，陛下则高枕肆志宠乐矣。计莫出于此。（《史记·李斯列传》）

也就是说，先下手为强，用霹雳手段，严酷刑法，诛杀诸公子、公主及先帝任用的大臣。

秦二世马上授权赵高去办这件事情。

于是，建国以来，秦宗室前所未有的惨剧发生了。

公子 12 人被僇死咸阳市。

公子 6 人被戮杀于杜。

公主 10 人被砍死于杜。

屠杀到此仍在继续。

“公子将闾昆弟三人，囚于内宫，议其罪独后。”最后迫使他们伏剑自杀。

还有一个公子高，本来有机会逃走，但忧虑家眷不能保全。于是，主动上书，请求为父亲秦始皇殉葬。秦二世准其请求，并赐钱十万，作为丧葬的费用。

至此，秦始皇共有子女 34 人，除二世胡亥之外，都被杀完。

嬴秦自从襄公立国 500 多年来，尽管也有过多次宫廷内讧，却没有像现在这样惨烈过！咸阳宫至秦孝公建造入住 100 多年来，宗室内部纵使有过一些讧杀事件，但却从没有像现在这样到处流淌着殷红的鲜血！

残酷的屠杀不仅震动了咸阳，也震惊了整个帝国。

司马迁在《史记·秦始皇本纪》记述这个事件时，接连用了两个“振恐”：

> 宗室振恐！
>
> 黔首振恐！

该杀的人已经全部杀尽了。秦二世一边擦洗着满手的血污，一边微笑着在想：从此总可以高枕无忧、尽情恣意享乐了吧？

可是，秦二世不知道，他的倒行逆施，已经惹得天怒人怨，人心离散。

大泽乡的黔首已经揭竿而起，灭秦的烈火马上就要星火燎原。

公元前 209 年 7 月，陈胜、吴广造反事发。灭秦队伍已经近临咸阳。作为一国的丞相，李斯知道他担系着不可推卸的责任。更令他担心与惧怕的是，他的长子李由，此刻正担任着三川郡守，在抵挡陈胜军队西进咸阳的行动上极为不力。所有这一切，当然逃不过眈眈注视在一旁的赵高狡诈的眼睛。这时的赵高，觉得铲除最后一个政敌的时机已经到来，他立即派人暗中去搜集不利于李斯的材料，开始向李斯发起攻击。

司马迁说：

李斯子由为三川守，群盗吴广等西略地，过去弗能禁。章邯以破逐广等兵，使者覆案三川相属，诮让斯居三公位，如何令盗如此。李斯恐惧，重爵禄，不知所出，乃阿二世意欲求容。

于是，这个把富贵爵位视作生命的人，此时不去管天下如何纷乱，为了避祸，他马上曲意逢迎二世的心意，向秦二世上了一封《行督责书》。

督责书的进献，是李斯彻底丧失政治立场的标志，也是李斯向这个帝国砍的第三刀。

《行督责书》全文很长，通篇讲的都是对百姓臣民如何严加惩罚的歪理。

督责之意就是加大对臣民的监管力度，实行严刑峻法，让他们时时刻刻处在恐怖之中，没有心思去想犯上作乱的事情。

李斯告诉秦二世：

督责之诚则臣无邪，臣无邪则天下安，天下安则主严尊，主严尊则督责必，督责必则所求得，所求得则国家富，国家富则君乐丰。故督责之术设，则所欲无不得矣。群臣百姓救过不给，何变之敢图？

昏庸、独断的胡亥见到了《行督责书》，果然十分高兴。

他下令各级官吏严厉地施行督责政策。

一时间，“行督责益严，税民深者为明吏”。（《史记·李斯列传》）

这种颠倒是非的政策，造成的直接结果便是：举国上下刑者相伴于道，死者血流成河。残民、杀人者为忠臣，死人每天堆满了街市。

在此期间，为了讨秦二世的欢心，李斯不顾百姓疲极的实际情况，加大修建阿房宫的力度。

沉重的赋敛、繁重的徭役、残酷的刑罚，终于把天下百姓逼上了绝路。

五、最后的挣扎

胡亥、赵高与他，这在沙丘政变时结成的三驾马车，在除掉扶苏、蒙恬、蒙毅三大强劲对手时，已经矛盾重重，貌合神离了。

胡亥、赵高一路高举屠刀，一番残酷杀戮之后，现在，帝国庙堂之上的防护林，已经被砍伐殆尽了。光秃秃地剩下了李斯这株残木、剩下了胡亥这个长不大的坏树。

赵高自回朝当上郎中令后，假行君令，滥杀无辜，被他杀害和为了私怨而被他陷害的人实在太多了。

他利用自己曾是二世老师的身份，向这个已经21岁但却昏庸得一塌糊涂的青年皇帝建言：

> 天子所以贵者，但以闻声，群臣莫得见其面，故号曰“朕”。且陛下富于春秋，未必尽通诸事，今坐朝廷，谴举有不当者，则见短于大臣，非所以示神明于天下也。且陛下深拱禁中，与臣及侍中习法者待事，事来有以揆之。如此，则大臣不敢奏疑事，天下称圣主矣。(《史记·李斯列传》)

赵高的意思，是要秦二世深居禁中，与百官隔离，不去临朝管事，做一傀儡皇帝。

赵高的理由似乎也很充足：你皇帝尚年轻，未必什么都懂，若是当朝断事，容易露短，反而有损于自己的神明。不如陛下您安居深宫，朝臣奏章，全让我赵高和几个熟悉法典的内侍来研究处理。这样大臣们就不敢上奏那些混淆是非的事情，皇帝您可以尽情安心贪图享受。

这个糊涂的皇帝，于是真的就“用其计，乃不坐朝廷见大臣，居禁中”，从此与百官隔绝联系。

赵高所以敢于大胆地提出这个让秦二世靠边站的馊主意，关键就在于他太了解胡亥的个性与弱点了。他深知这个年轻的皇帝虚荣心强，而且急于贪图淫乐，同时又十分信任自己。抓住胡亥的这个心理，事情就往往出人意料地无往不成。

这样，赵高便达到了预期的目的。

“赵高常侍中用事，事皆决于赵高。”

现在，赵高终于将二世玩弄于股掌之上，开始挟天子以令朝臣了。

下一步，就到了他要收拾李斯的时候。

对于赵高的独揽大权，李斯心中是十分不服的。他希望能见到秦二世，像自己上《行督责书》时那样，凭智慧去争取二世皇帝对自己的宠爱。

可是，说到底，李斯还是一个只会做事情的文人。弄权术、玩阴谋，他根本就不是赵高的对手。

当时的李斯，如果决心置赵高于死地，他实际上也还有很多的资本。右丞相冯去疾支持他，朝中关心国事的大臣支持他。他如果联合朝中其他大臣，设置一个严密圈套，骗来赵高，以雷霆万钧之势先下手除掉赵高，然后用实力和朝臣的舆论去求得秦二世的原谅，不是没有可能的一件事情。

但是，李斯太依赖于这位昏庸的皇帝了。他想通过给二世上书的办法，借皇帝之手除掉赵高，这是一个多么愚蠢的主意？他想得太简单了。

相反，对于除掉李斯，赵高可就费了一番心思。

他摸透了这位宰相大人的心性，知道李斯只想做一个官仓鼠的角色，除掉李斯，赵高认为最简单易行的办法，就是利用已经掌控在自己之手的皇帝这张王牌，给李斯定个罪名，干脆利落地灭了他的全家。

赵高的布局并不怎么高明。他不过是借李斯急于想见皇帝之面的心思，专门在秦二世与爱妃们鱼水之欢时，让李斯前往求见。

结果可想而知，对于被李斯扫了兴而在气头上的秦二世，赵高从容地拿出了自己早就成竹在胸的王牌，向二世诬告，李斯和其子李由与山东贼盗有来往，想乘机裂土称王。

消息很快通过内线传到了李斯的耳朵之中。

到了这时，李斯才意识到了问题的严重性。

但是，他所想到的方法，还是老套路，就像当年在他被逐之时向秦王嬴政上《谏逐客书》一般，向秦二世上书来揭露赵高的狼子野心。

李斯写道：

臣闻之，臣疑其君，无不危国；妾疑其夫，无不危家。今有大臣于陛下擅利擅害，与陛下无异，此甚不便。昔者司城子罕相宋，身行刑罚，以威行之，期年遂劫其君。田常为简公臣，爵列无敌于国，私家之富与公家均，布惠施德，下得百姓，上得群臣，阴取齐国，杀宰予于庭，即杀简公于朝，遂有齐国。此天下所明知也。今高有邪佚之志，危反之行，如子罕相宋也；私家之富，若田氏之于齐也。兼行田常、子罕之逆道而劫陛下之威信，其志若韩玘为韩安相也。陛下不图，臣恐其为变也。(《史记·李斯列传》

田常、子罕分别是春秋时期齐、宋二国的权臣，他们都利用国君专信他们的弱点，最终杀君、弑君，达到了他们侵夺君权的野心与目的。

韩非子在《二柄》一文中说：过去田常在朝廷向君主求取爵位、俸禄而把它赐给群臣，在民间加大斗、斛来把粮食施舍给百姓，这是齐简公丧失了奖赏大权而田常使用了它，所以齐简公被杀掉了。子罕向宋桓侯说："奖赏恩赐这种事，是民众所喜欢的，请你自己去施行它吧；杀戮刑罚这种事，是民众所憎恶的，请让我来承担它吧。"于是宋桓侯失去了用刑的权力而子罕使用了它，所以宋桓侯被劫持，田常仅仅用了奖赏的权力，齐简公就被杀掉了；子罕仅仅用了刑罚的权力，宋桓侯就被劫持了。所以，当今社会上做了臣子的兼有了刑罚与奖赏两种大权来使用它们，君主的危险就会比齐简公、宋桓侯更加厉害。

李斯在给秦二世的这个上书中，用春秋时期宋国子罕、齐国田常这两个强臣弑君夺国的事例，劝谏二世：赵高就是秦国的子罕、田常，如不下手除掉他，赵高就会像历史上的权臣一样，祸君谋国、阴行其志。

但是，秦二世跟他父亲秦始皇是两个完全不同的人，亦不需要什么人才去打扰他的享乐。因此，当秦二世拿到李斯揭发赵高的奏章时，不是去思考一下，这位30多年的老丞相话中有多少合理的东西，而满脑子的却是担心李斯会去杀了赵高。

于是，他赶忙找来赵高，提醒他要注意李斯。

到了这一步，赵高已欣喜地看到李斯的死期就在眼前了。他巧妙地拾起李斯谏书中提到的田常、子罕这两块石头，反手向李斯扔去。

"陛下，真正的田常、子罕就是丞相呀！丞相现在所以还有顾忌，正是因为有臣赵高在，所以他要杀臣。只要臣一死，他就可以放手去做像田常、子罕那样弑君谋反的事了。"

李斯的奏章，二世没有看进去几个字。赵高的话，倒是一字不漏地全部从耳朵灌进了这个糊涂君王的心田中。秦二世高兴地对赵高说："要不是你，我几乎被丞相出卖了。"

到了此时，李斯的生死安危、身家性命，都操在了赵高的手中。

六、东门黄犬之叹

赵高开始以最残酷的手段来审理李斯的案件。

他先把李斯的宗族和宾客尽行收捕入狱。

接着，他派人以严酷的刑法拷打李斯，硬逼他承认与长子李由一起通盗谋反。李斯被打得皮开肉绽，实在无法忍熬时，最后只好当堂违心自诬。

阴谋得逞的赵高立刻将李斯的伪供呈上二世，作为定案。

李斯的命运就这样荒唐而草率地被确定了下来。

秦二世御笔一挥："具斯五刑，论腰斩咸阳市。"

据司马迁记载，李斯一直对秦二世存有一丝的幻想，幻想这位皇帝能够良心发现，派人复查他的案件。

但是，惯于施弄阴谋的赵高，早就先他预料到了这一点。

赵高使其客十余辈诈诈为御史、谒者、侍中，更往覆讯斯。斯更以其实对，辄使人复榜之。后二世使人验斯，斯以为如前，终不敢更言，辞服。(《史记·李斯列传》)

赵高轮番使人诈为二世使者并狠揍李斯的行动很快收到了效果。李斯被骗怕了、打怕了。真到了秦二世派人来核查其案时，李斯又误以为是赵高设的局，一口咬定自己有罪。

这样，李斯可悲地失去了一次向二世申辩的机会，尽管这机会未必能够给他带来命运的转机。

秦二世二年（公元前208年）七月的一天，帝国都城咸阳沐浴在一片泛红透黄的夕阳之中。

这时，牢门大开。一个宦官模样的人进来宣诏：

判处逆臣李斯五刑：黥鼻、割舌、笞杀、枭首、剁肢。五刑综合，腰斩于市，并夷灭三族。

接着，蓬发垢面、遍体鳞伤的李斯及其亲朋族人，一起被押往刑场。

赵高下达了行刑的命令。对于这位昔日的帝国丞相，赵高施用了当时最为残酷的刑罚。

刽子手先黥鼻，然后割舌、剁肢，最后笞杀的同时，挥刀斩腰。

李斯的父族、母族、妻族，全部倒在了刽子手的屠刀之下。

今天，回头来看李斯的历史，应当说他并不是一个庸俗之辈，甚至可以称得上是一位王佐之才。他凭借其超乎寻常的政治谋略，帮助秦王嬴政兼并了六国，建立了中国历史上第一个封建专制集权制的大秦帝国，开创了一个历史的新时代。此后，他又凭借其杰出的经国之才，帮助秦始皇制定了各种统一后的措施和制度，改变了过去几百年的割据状态的政治和文化，使中国的封建社会经济顺利地向前发展。

然而，他的私心太重了。他把功名利禄视为人生的唯一追求。他没有独立、正义的人格，只知道阿顺依附，甚至颠倒黑白，助纣为虐，到头来，搬起石头砸了自己的脚，但求一介布衣平民而不可得？

李斯死了，他是死在名利场上，死在不坚持政治原则上，死在不知变通与权变上，死在了他懦弱的性格上。要是他不参与沙丘之变，或者在危机关头，不去苟全富贵，用手中的权力与威望来主动扭转乾坤，也许，秦始皇就不会断子绝孙，秦国就不会因而失去宗庙与血食，后来中国的历史也许会因此而改写。在关键时刻，如果他真的去为大秦帝国的利益力争一把，我相信，他的命运也会改写！

最终的结果是，他的身后，是一片寂寞。

一千年之后，一位叫胡曾的唐朝诗人路过李斯的墓前。他凭吊历史，感慨不已，即兴写道：

上蔡东门狡兔肥，
李斯何事忘南归。
功成不解谋身退，
直待咸阳血染衣。

又不知道过了多少年，人们已经淡忘了李斯作为政治家的身份，只记得他创作了不随时间流逝的三大作品：小篆字体、《谏逐客书》和他临终前留下的上蔡东门黄犬的叹息。

第七章

秦始皇的峥嵘岁月

司马迁说："始皇自以为功过五帝，地广三王，而羞与之侔。"

一个羞与三皇五帝相提并列的人，一个把自己的功业看得高于任何前人的人，他的志向与心胸，该是多么的阔大，这是何等的气概！大秦帝国虽然短命死亡，但它的政治理念、国家框架却永远载入了历史的篇章。

一、暮年求仙

公元前210年5月，在一个初日正在从海中喷薄欲出的黎明时刻，有一个大约50岁上下的男人，坐在海浪拍打、涛声阵阵的东海边的一座小山上。此刻，他正在凝神望着大海，心中翻着波浪。

这个人，就是曾经震惊了人类世界、改写了华夏历史篇章的重要人物——秦始皇。

海天一色，哪里可见"三神山"的影子？

整个战国时代，民间处处可闻东海仙山神仙的传说。

茫茫的大海中，矗立着蓬莱、方丈、瀛州三座神山。山中风景如画，四季长春。山中的仙人，个个俊秀明丽，青春不老。山中生长着长生不老的药草。远远望去，神山在云雾中若隐若现，等到人间的船只驶近、正想细看时，它却又立刻消逝得无影无踪。

战国时代的几乎所有诸侯国君，都曾经不同程度地关注过这三座可望而不可即的神山。临近东海的齐国和燕国君王们，享受着近水楼台的便利，曾经几度遣人下海探寻神山、求取长生不老的仙药。几百年过去了，齐、燕的君王们不知道更换了多少次，可神仙与仙山却依然在虚无缥缈间。

但是，他秦始皇可不一样啊！

他兼并六国，功盖三王，业超五帝。"普天之下，莫非王土；率土之滨，莫非王臣。"神山虽然远在海外，但毕竟不能逃脱他的"王土"的辖制；仙人虽然身处化外，也应当为他这个至高无上的皇帝忠心地服务。

此刻，他高踞于海边这片土地之上，分明能够感受到，大地正在他的脚下屏息凝气地颤抖。

生于内地、长于内地的秦始皇，这是他生平到达的最东点，也是他最后一次看到大海。

“日月之行，若出其中；星光灿烂，若出其里。”那个令人们心驰神往的幸福的神山、极乐的彼岸，徐福此刻到达了吗？

九年前（公元前219年），齐国平民徐福给他写了一封信，提出出海到三神山去，为他这位人间帝王求取长生不老药的建议。为此，秦始皇这位“与天斗，其乐无穷；与地斗，其乐无穷；与人斗，其乐无穷”的一代雄主，竟然听从了徐福这个一介平民的要求，竟为他虔心诚意、斋戒十日，同时奉送童男童女各1000名及大量的黄金珠宝，以为访求三神山仙人之礼。

时光飞逝，九年过去了。

不久前，徐福等人回来了，不过是空着双手回来的。他们用活灵活现而又充满诱惑的言语，又从秦始皇手中要去了童男童女3000人及大批能工巧匠和百物谷种。

这一回，徐福等人是肉包子打狗——一去不回。

四年前（公元前214年），在焦急等待徐福的过程中，秦始皇又派出了燕国方士卢生，去寻找羡门、高誓这两位传说中的资深仙人。继而又派韩终、侯公、石生等人去寻找仙人，求觅长生不死的仙药。

仙人与长生不死之药，当然无处可得。不过，卢生却带回了“亡秦者胡也”这个不祥的神语。

秦始皇一听，这还了得。

他立即命令将军蒙恬发兵30万，北击匈奴。卢生则受命继续下他那盘永远下不完的棋——为当世的人间帝王找仙觅药。

公元前212年，卢生奉劝秦始皇积极配合，仙药就可得到：

“寻求灵芝、奇药和神仙，之所以常常不获，是因为物类中有忌讳。按照神仙方术，作为人主的皇帝要微行以避恶鬼，避恶鬼真人方至。而人臣知道人主的居处，则害于神仙。真人也就是神仙，入于水不沾湿，入于火不燃烧，腾云驾雾，与天地共长久。今皇上治理天下，未能恬淡生活，请皇上所居之地莫令人知晓。然后才能访求到长生不死的仙药。”

这当然又是一个骗局。

卢生等人敢于这样在秦始皇这个太岁头上动土，关键就在于他们揣摸透了秦始皇此时此刻的心理需求与一贯的统治之术。秦始皇本来就信奉韩非子驾驭群臣的那一套法术，加上此刻求仙心切，受骗上当，自然在所难免。

结果是，秦始皇听从了卢生的建议，从此自称“真人”而不称“朕”。在咸阳之旁二百里内，修建宫观二百七十，复道甬道相连，“微行以避恶鬼”。

秦始皇如此虔诚，神仙该会上门了吧？

骗局终究是骗局。神仙到底没有来。

侯生、卢生偏还将神仙不遇的责任一股脑地全都推到了秦始皇的身上。

他们破口大骂：

始皇为人，天性刚戾自用，起诸侯，并天下，意得欲从，以为自古莫及已。专任狱吏，狱吏得亲幸。博士虽七十余人，特备员弗用。丞相诸大臣皆受成事，倚辨于上。上乐以刑杀为威，天下畏罪持禄，莫敢尽忠。上不闻过而日骄，下慑伏谩欺以取容。秦法，不得兼方，不验，辄死。然候星气者至三百人，皆良士，畏忌讳谀，不敢端言其过。天下之事无小大皆决于上，上至以衡石量书，日夜有呈，不中呈不得休息。贪

于权势至如此，未可为求仙药。(《史记·秦始皇本纪》)

至此，这个受命于天、恒久永昌的帝王才隐约意识到，他上了徐福这伙骗子的大当。

二、忆往昔峥嵘岁月稠

在离开大海返回都城咸阳的路上，秦始皇的心中五味俱全。他既为没有得到长生不死药而感到懊丧，又为被徐福等人的欺骗而大上肝火。当然，这种怒火只能隐藏在他的心中，大臣与侍从是难以从表情上窥测到一二的。这个刚烈的西北硬汉，是不会在别人面前表露自己虚怯的内心的，他展示在人们面前的，永远是英明、正确与至尊至上的高大光明的形象。

22 岁那年，即公元前 238 年，秦王嬴政在祖先所在故地雍城举行了隆重的加冠礼，正式从太后手中接过秦国的最高权力。

亲政伊始，他就以迅雷不及掩耳之势，杀嫪毐，逐吕不韦，将庙堂大权全部收归到自己的手中。

那个时候，他挥斥方遒，指点江山。挥手扫六国，挥剑决浮云。吹响了向六国发起最后总攻击的号角，下达了灭亡六国的总动员令。

公元前 230 年，灭韩；

公元前 228 年，灭赵；

公元前 225 年，灭魏；

公元前 223 年，灭楚；

公元前 222 年，灭燕；

公元前 221 年，灭齐。

至此，“海内为郡县，法令由一统。”天下重新归一，国家重新统一，华夏大地归于一统，大秦帝国诞生于世。

这一年，秦王嬴政才39岁，就已经成为了天下共主。

这是中国历史上实现的一次真正的统一，是秦人数百年披荆斩棘、用血与汗换来的伟大成果。

大秦帝国的版图：东至大海，从南海、东海、黄海直到渤海，可以听到波涛阵阵，可以观到碧波万里。西到临洮，能够望到广袤的沙漠，能够看到一望无际的草原。南至越南，能够散步在热带雨林中，能够享受到南国甜蜜的椰汁。北达草原，能够听到“燕山胡骑鸣啾啾”的空武声音，观到“天似苍穹，笼盖四野”的莽莽景象。

从此以后，长江、黄河，南北呼应；高山大海，东西回响。

从此以后，中华民族也曾有过分裂，但统一、团结、开拓、进取，始终构成了中华民族的主体灵魂。

难怪，琅邪刻石上说：“六合之内，皇帝之土。西涉流沙，南尽北户。东有东海，北过大夏。”

这是当时世界上版图最大的国家。

这是前无古人的伟大壮举。

但是，秦始皇并没有陶醉于此，他仍然在朝气蓬勃地开疆拓土；仍然在追求“人迹所至，无不臣者”、“日月所照，莫不宾服”的境界。

这就是秦始皇的性格，这就是秦始皇的作风，这就是他能够成为“千古一帝”的原因所在。

一般而言，人的一生能够做到一件前无古人的事业，就已经是很高的境界了。但是，秦始皇则不然，他始终两眼紧盯着前方，脚下的步伐一刻不停地在向前方迈进。

他要继续征服这个世界。

公元前 221 年，秦帝国在文臣武将的一片万岁声中正式成立。

作为这个帝国独一无二的主人，秦始皇又做了即使今人也没能超越的几件大事。

皇帝制度的创立便是他的一大杰作。

大秦帝国建立后，秦王嬴政立刻发布了议立帝号的诏谕：今名号不更，无以称成功，传后世。其议帝号。

这个明确的指示，说明嬴政对这个新生的帝国核心制度已经成竹在胸。

很明显，1.“称成功”，就是说他的尊号与权力，要与他前无古人的功业相匹称；2.“传后世”，就是要让这个新创立的帝国制度规范，能够代代相传下去。

众大臣经过一番搜肠刮肚，冥思苦想，纷纷提出了自己的意见与办法，最后，还是嬴政一语定乾坤：

取三皇之“皇”，五帝之“帝”，号曰皇帝。

司马迁说：“始皇自以为功过五帝，地广三王，而羞与之侔。”

一个羞与三皇五帝相提并列的人，一个把自己的功业看得高于任何前人的人，他的志向与心胸，该是多么的阔大，这是何等的气概！

皇帝尊号与制度，无疑是秦始皇的一大创举，是他根据当时国人的心理，作出的一个空前绝后的大创造。

莫秀瑞在所著《大秦帝国》中说：“嬴政创造这一尊号，主观上可能只是为了满足他那迅速膨胀起来的极端自大欲望。客观上却是对长期以来潜藏于人们内心的一种美好愿望的巧妙利用。”

翻开中国的历史，满目可见到人们对圣君明主的声声呼唤。这种呼唤就像人们祈求佛祖降福一样，充满了虔诚与由衷的神圣。

既然人们把三皇五帝视为统治者的美好化身，那么，秦始皇将这顶桂冠用法律的形式戴在了自己的头上后，他就为后世的君主们立下了一个高高的标杆：这就是理政能力、教化能力完美结合，是完美的道德与人格、人性与纯熟的治国能力集于一身的象征。

皇帝制度开两千多年来中国封建专制制度的先河。

皇帝高踞塔顶，文武百官与天下百姓构成塔基。

皇帝操纵中央政府，地方政府又必须服从中央政府。

从秦始皇开始，三王时期的分封制度，开始逐渐被郡县制所替代，从此进入了中国历史的博物馆。

这是一个政治上的大智慧，这是大一统中国的雏形。至此以后，中国大势，虽然合合分分，分分合合，但统一与复兴始终成为中华历史的主流。

在秦国统一天下的过程中，每灭一国，秦始皇便把这个国家的宫殿，照搬原样地在咸阳重建。

> 北至九嵕、甘泉，南至长扬、五柞，东至河，西至汧、渭之交，东西八百里，离宫别馆相望属也。木衣绨绣，土被朱紫，宫人不徙，穷年忘归，犹不能遍也。(《庙记》，见【唐】张守节：《史记正义》)

但这对于秦始皇来说，还都不过是小菜一碟，并不能让他称心如意。

他要建造一座举世无双的豪华宫殿，而且必须做到天下第一。

如今他已是天下至尊至贵的始皇大帝，无论秦国旧有的宫殿，或是按六国式样的新建殿堂，还不都是旧时代的产物。秦始皇，他要亲自选定地址，在周文王、周武王的宫城遗址上，建立他的新天、新地、新世界。

于是，积全国之力，数年之间，一座名为阿房宫的人间天堂便拔地而起。

这真是：

六王毕，四海一，蜀山兀，阿房出。覆压三百余里，隔离天日。骊山北构而西折，直走咸阳。二川溶溶，流入宫墙。五步一楼，十步一阁；廊腰缦回，檐牙高啄；各抱地势，勾心斗角。盘盘焉，囷囷焉，蜂房水涡，矗不知其几千万落。长桥卧波，未云何龙？复道行空，不霁何虹？高低冥迷，不知西东。歌台暖响，春光融融；舞殿冷袖，风雨凄凄。一日之内，一宫之间，而气候不齐。

妃嫔媵嫱，王子皇孙，辞楼下殿，辇来于秦。朝歌夜弦，为秦宫人。明星荧荧，开妆镜也；绿云扰扰，梳晓鬟也；渭流涨腻，弃脂水也；烟斜雾横，焚椒兰也。雷霆乍惊，宫车过也；辘辘远听，杳不知其所之也。一肌一容，尽态极妍，缦立远视，而望幸焉；有不得见者三十六年。燕赵之收藏，韩魏之经营，齐楚之精英，几世几年，剽掠其人，倚叠如山；一旦不能有，输来其间，鼎铛玉石，金块珠砾，弃掷逦迤，秦人视之，亦不甚惜。

在修建阿房宫的同时，秦始皇也投入大量的人力、物力，为自己修建地下阴宫——骊山陵。

在中国古代，修筑帝陵带有祝寿和永恒的意味，据前代习俗，修陵的时间越长，就越是预示着主人的高寿；陵墓修得越大，就越显示出帝王的威风和气派。

古代帝王生前造陵不是秦始皇首创，但帝王陵墓之大之豪华，秦始皇却是占了世界之最。

司马迁在《史记·秦始皇本纪》中记载：

始皇初即位，穿治骊山，及并天下，天下徒送诣七十余万人，穿三泉，下铜而致椁，宫观百官奇器珍怪徙藏满之。令匠作机弩矢，有所穿近者辄射之。以水银为百川江河大海，机相灌输。上具天文，下具地理。以人鱼膏为烛，度不灭者久之。

汉代刘向曾大声惊呼：“自古至今，葬未有盛如始皇者也！”

20 世纪 70 年代出土的兵马俑，只是秦始皇陵的冰山一角，就已经被冠以“世界第八大奇迹”。如果这个充满神奇色彩的地下王国，将来全部揭开之日，还不知要给世界带来多大的震惊?

秦始皇的又一项举世闻名的工程便是修筑万里长城。

公元前 214 年，秦始皇派将军蒙恬率军 30 万北击匈奴，使匈奴这个马上民族在很长一段时间内不敢再南下而牧马。

接着，他让蒙恬将六国旧有国防要塞与秦长城连接起来，筑起了一道西起临洮、东至辽东，“延袤万余里”的帝国的围墙。

这是大秦帝国的北方屏障。

这是大秦帝国人民血汗与智慧的结晶。

这是古代防御体系的极致。

秦始皇不会知道，两千多年以后的长城，已经成为中华民族的精神象征。

秦始皇更不会知道，他下令修筑的万里长城，今天成为了全人类的骄傲，已经被列入了世界物质文化遗产的保护行列。

秦始皇同样不会知道，两千多年后的某个冬日，有一位像他一样的伟人面对长城，用博大的襟怀向世界发出了“不到长城非好汉”的历史最强音。

大秦帝国建立后，秦始皇又做了一件前无古人、后无来者的事情，这就是：

收天下兵（兵器），聚之咸阳，销以为钟鐻，金（铜）人十二，重各千石，置廷宫中。

刀枪入库，马放南山。这几乎是历代开国之君必作的一篇旨在宣称太平盛世到来的文章。秦始皇这位雄才大略之主看来也没能免俗。

但是，这位傲世枭雄却别具特色，他没有仿效周武王灭商后，“纵马于华山之阳，放牛于桃林之虚；偃干戈，振兵释旅，示天下不复用也”，而是将收缴六国的兵器，聚之咸阳，铸成 12 个铜人，放置宫中。

据《汉书·五行志》中记载：

秦始皇二十六年，有大人长五丈，尺履六尺，皆夷狄服，凡十二人，见于临洮。是岁，始皇初并六国，反喜以为瑞，销天下之兵器，作金人十二以像之。

如果这则史料属实的话，即使把五丈和六尺都视作秦制，那么折合成今制，也有十一点五米高和一点三八米的大脚。很难设想地球上曾经有过如此高大的人类。但是，秦始皇根据肖像，令人制作的铜人，却完全有可能达到这个数字的标准。这样看来，十二铜人的铸造，实在也是秦帝国超越先人的一个大创造。

要做就做第一，要做就做最好。追求卓越，不断突破极限。这就是青年的秦始皇；这就是帝国建立前后的秦始皇。这一时期的秦始皇，弘祖先开拓之精神，继吞并六国之余烈，多么朝气蓬勃，多么充满活力。他利用自己的强大权威，充分整合帝国的资源，脚踏实地，把秦人积极进取的精神，发挥到了极致。

三、离开了大地的安泰

在古希腊神话中，有一个这样著名的传说。

有一个名叫安泰的半神半人的巨人，他是大地女神盖亚的儿子。安泰力大无穷，天下无敌。安泰与敌人格斗时，只要身体不离开大地，从母亲那里不断吸取新的力量，就永远不可战胜。但是，他也有一个致命的弱点，这就是他一旦与大地脱离接触，就会变得软弱无力，完全受制于人。后来，大力士赫拉克勒斯发现了他的这一弱点，把他高高举在空中，轻而易举地就扼杀了他。

帝国创建后的秦始皇，由于高踞在权力的顶端，逐渐变得过分自大，耳朵再也听不进不同的意见，接触不到新生的事物。最终，他失去了一切创造力，像可怜的安泰那样，离开了大地，一切行为变得是那样的无力与可笑，一切行为变得是那样的倒行逆施。终于，秦始皇丧失了自我，丧失了力量，丧失了成功，丧失了希望，也最终丧失了他梦寐以求的传世万代的嬴秦帝国。

自古及今，成就帝业者，必有霸王之佐；辅成霸业者，必有王佐之才。

人们把贤能之臣比作元首的股肱、渡人的舟楫、国家的干城、大厦的栋梁、鸿鹄的羽翮、猛兽的爪牙。

人们把君臣际遇比作“云从龙，风从虎，万兽从麒麟”。

能人贤士通过成就帝王而成就自己，帝王通过成就能人贤士而成就帝业。

在大秦帝业开辟的过程中，秦王嬴政的身边，处处可见运筹帷幄的名相、精通谋略的策士、勇冠三军的将帅、能言善辩的说客、直言敢谏的诤臣。可不要小看了这一个规模不小的群体。

正是这些智勇之士，将秦王嬴政推上了天下共主——始皇大帝的地位。

在秦始皇看来，在他的众多辅臣中，李斯可谓首屈一指。李斯协助秦始皇，经略天下，总理万机。秦始皇也将这位上蔡小吏、荀卿门生、不韦舍人，不断重用与拔高，先后客卿、廷尉、御史大夫、丞相，封侯拜相，位居人臣。

可是，创业成功后的李斯，却一反常态，变得唯唯诺诺、蝇营狗苟，只知道阿谀奉迎，这究竟是发生了什么变故？

在秦始皇看来，尉缭精通兵法、多权谋奇才，是名列第二的王佐之才。他重用尉缭，让他放手建立了当时世界上最先进的间谍机构与情报系统，使之开辟了秦在吞并六国中的第二条战线。

可是，帝业初创后，尉缭却不声不响地从这个世界上消逝了。

他礼贤下士、推心置腹，换来的却还是这个不信任的结局。他也不明白，这究竟是因为了什么？

在秦始皇看来，他重用王翦，甚至将自己的年轻女儿许配给了这位已经“可怜白发生”的将军，让他放心地率领倾国之兵，灭楚吞齐。可是，王翦在胜利后，最终还是告老还乡，不愿意与他共享来之不易的胜利硕果。这究竟又是为了什么？

在秦始皇看来，他喜欢韩非学说；听从茅焦的劝谏，从谏如流，知错则改。

可是，在他成为实至名归的皇帝以后，周围提反对意见的诤臣消失了，提创建性意见的能臣没有了。他与朝中大臣、天下百姓，心中的隔阂越来越大。他当年是何等的气概，何等的自信，现在却为什么变得开始怀疑起自己，是自己真的老了或是什么地方出了毛病？

秦始皇认为，随着天下分裂割据局面的结束，帝国君主专制官僚政治体制的建立，他已经不再惧怕社会舆论的向背和知识士人们的离心逃逸。

秦始皇明白，帝国建立后，他与知识士人们之间的矛盾是逐步深化的。

在天下统一之初，士人们还是满怀热情与理想参与到这个帝国新政权的设计与规划之中来的。

在帝国是实行郡县制还是分封制的讨论中，朝臣们都还是表现出了积极的态度。那个时候，他们还都敢于大胆地提出自己的主张。

第一次是在公元前221年，也就是秦朝刚刚统一天下的那一年。朝臣们形成了两派意见：

丞相王绾认为："诸侯初破，燕、齐、荆地远，不为置王，毋以填之。请立诸子，唯上幸许。"

廷尉李斯则认为：分封制是导致春秋战国时期战乱割据的根源。"周文武所封子弟同姓甚众，然后属疏远，相攻击如仇雠，诸侯更相诛伐，周天子弗能禁止。"因此，实行郡县制才是天下长久的"安宁之术"。

秦始皇同意了李斯的建议，认为天下好不容易才归统一，"又复立国，是树兵也，而求其宁息，岂不难哉！"（《史记·秦始皇本纪》）

不过，对于王绾，秦始皇也没有对他降职或者治罪。

第二次是在公元前213年。

在秦始皇举行的国宴上，博士淳于越又旧话重提。他还在激烈反对八九年前就已经规定下来的郡县制，继续引经据典，极力鼓吹分封制的优点。淳于越甚至当面提醒秦始皇："事不师古而能长久者，非所闻也。"（《史记·秦始皇本纪》）

善于揣摸秦始皇心意的李斯，立刻抓住时机，挺身而出，怒言驳斥，直接上纲上线，不但把淳于越骂得狗血喷头、一无是处，而且径直建议秦始皇：

五帝不相复，三代不相袭，各以治，非其相反，时变异也。今陛下创大业，建万世之功，固非愚儒所知。且越言乃三代之事，何足法也？异时诸侯并争，厚招游学。今天下已定，法令出一，百姓当家则力农工，士则学习法令辟禁。今诸生不师今而学古，以非当世，惑乱黔首。丞相臣斯昧死言：古者天下散乱，莫之能一，是以诸侯并作，语皆道古以害今，饰虚言以乱实，人善其所私学，以非上之所建立。今皇帝并有天下，别黑白而定一尊。私学而相与非法教，人闻令下，则各以其学议之，入则心非，出则巷议，夸主以为名，异取以为高，率群下以造谤。如此弗禁，则主势降乎上，党与成乎下。禁之便。臣请史官非秦记皆烧之。非博士官所职，天下敢有藏诗、书、百家语者，悉诣守、尉杂烧之。有敢偶语诗书者弃市，以古非今者族。吏见知不举者与同罪。令下三十日不烧，黥为城旦。所不去者，医药卜筮种树之书。若欲有学法令，以吏为师。(《史记·秦始皇本纪》)

秦始皇对于李斯的全部建议，只轻轻地说了一个字："可。"

于是，一场焚烧中华早期文明的大火，立刻在咸阳大地熊熊燃起。

接着，在全国各郡县的指定地点也火光冲天。

也许，秦始皇的文化专制有明确的目的：是为了统一思想，更好地使帝国贯彻他的治国主张，维护大一统的政治局面。正像他的前人孔夫子曾以诛杀少正卯来铲除异端；又像他的后人汉武帝曾以"罢黜百家，独尊儒术"来使思想一律一样，这种行为前有古人，后有来者。

在世界史上，这种以强制性的手段消灭异端，统一思想的做法，也可以说是司空见惯，秦始皇不是唯一之人。

但是，这场大火，给后代专制统治者树立了一个"良好"的榜样，开了一个极端的先河。其后历代的文化专制政策与手段，有可能远远超过了秦始皇的焚书举动，但用国家权力来消灭异端思想与文化的，始作俑者却是秦始皇。

孔夫子说过：始作俑者，其无后乎！秦始皇后来断子绝孙，是不是与此举有很大的关系呢？

这场大火，结束了一个时代，这就是春秋战国以来好不容易出现与形成的“百花齐放、百家争鸣”的时代。这个时代是古代中华文明史上绝无仅有的一个时代，是中国历史上文化发展的黄金时代。

这场大火，也揭开了另外一个新时代。这就是以封建皇帝的谕旨为金口玉言的封建专制统治的文化黑暗时代。

焚书的硝烟还没散尽，公元前 212 年，他接着又干了一件令他痛快解恨但却对帝国统治有害无益的事情。

这件事的起因可以说是比淳于越提出的不同意见更为恶劣。

术士侯生、卢生等人，先用为皇帝寻求长生不死之药蒙骗秦始皇，以获得信任、官爵与财富；后则以无赖市井口吻在集市上大骂秦始皇。

这种事情，自然很快通过耳目传到了秦始皇那里。

可以想见，正在为求仙药而被方士欺骗上当的至尊者，他的暴怒的样子该会是多么的可怕。

于是，大秦帝国的历史上又多了一件坑杀儒生、方士 460 余人的大事件。

有趣的是，真正的元凶卢生、侯生反而逍遥法外。

《淮南子·人间训》说他们逃到了海外。

《湖南通志·方外志》说他们隐居到了山中。

反正，他们骗完、骂完，三十六计，走为上策，倒真的逍遥自在，去过他们的神仙日子去了。

经过焚书坑儒事件，秦始皇用高压手段倒是堵住了人们说话的嘴巴。从此，秦始皇的身边站的尽是一群奉承阿谀之辈，尽是一些阴险狡诈的小人，再也没有真正为他处心积虑谋划与打算的正直臣僚。

秦始皇从此失去了弥补与调整政治漏洞的可能。他也像离开了大地的安泰，从此更加孤独、多疑、愚昧与痛苦。因为，通过焚书、坑儒，他将自己变成了一个真正的“聋子”，一个真正的“瞎子”。

焚书、坑儒两起暴虐事件，是秦帝国成为歧路羊的信号。

在坑儒的过程中，有个年轻人看到了这种事件的严重后果，并试图劝谏秦始皇，他就是秦始皇的长公子、淳于越的弟子扶苏。

扶苏认为：

天下初定，远方黔首未集，诸生皆诵法孔子，今上皆重法绳之，臣恐天下不安，唯上察之。（《史记·秦始皇本纪》）

扶苏的劝言，本是好心好意。可是，气冲斗牛的秦始皇，听了反而更加暴怒。他大手一挥，将扶苏赶出都城，到上郡蒙恬那儿，让他去吃苦改造。

扶苏的劝谏，是秦始皇听到的最后一句真话。从此以后，他真正变成了一个“孤家寡人”。

四、沙丘饮恨

事实上，秦始皇是早就生了病的，而且，病得还相当不轻。

用我们今天的医学专业术语来说，这位巨人得的可能是高血压，最后，病变为脑血栓或脑出血的综合病症而弃世的。

很可能，高血压是在他做上皇帝后不久就已经患上了。

秦始皇暴躁、急脾气，这种性格极易患上高血压。

少年时代的不幸，成为皇帝之后的狂傲，在政务上事无巨细的大包大揽，几乎没有闲暇的时间去享受生活等，都严重损害了他的身体与健康。综合各种因素考虑，他患上高血压这种病症，就是一件不太难于理解的事情了。

也许，这种病症与他在晚年的许多政治决策失误有着一定的关系。

他控制不住自己的脾气，为了一件不算太大的泄密事件，就将忠心耿耿为他服务多年的身边侍从全部杀掉；

他控制不住自己的脾气，就因为自己亲生儿子扶苏在他的耳边说了几句他不乐意听的话，就一时怒起，忘记了他对这位儿子的欣赏与培养，忘记了他的打算与安排，立刻将这位儿子赶到北疆——一个离他远远的看不到的地方；

他控制不住自己的脾气，一听到方士说“东南有天子气”，他便立刻兴师动众，“东游以厌之”；

他控制不住自己的脾气，一听到方士说“亡秦者必胡”，他便立刻不顾客观情况，命令蒙恬率领全国精锐之师北上驱杀匈奴；

他控制不住自己的脾气，就因为在巡游途中，在湘江遇到大风，他就雷霆大怒，迁怒于湘神，“使刑徒三千人皆伐湘山树，赭其山！”将满头青丝的湘君夫人祠，剃成了一个大光头！

总之，种种现象表明，秦始皇的身体健康已经出现了问题。

但是，没有人敢向他明确地提出这个问题。他身边的人没有这个胆量，也没有这份忠直。原因很简单，“始皇恶言死，群臣莫敢言死事”。(《史记·秦始皇本纪》)

事情明摆着。既然这个动怒就杀人的皇帝讨厌听到“死”这个字眼，谁还敢去提醒他去注意身体健康与看御医呢?

很可能，秦始皇也意识到了自己健康上出了问题，因而，他才更加

“只争朝夕”，不辞辛苦地寻找仙人与长生不死之药，冀望早日达到长生的目的。可是，他没有想到，以徐福、卢生为首的一批大骗子竟然敢骗到他的头上。这口气憋在心里，让他肝火大升，血压骤高。

既然没有人敢去提醒这位可怜的皇帝陛下，应当在京城安养，通过治疗保健，颐养天年，那么，年老体衰的秦始皇，就只能怀着恐惧的心情，匆匆踏上东巡的道路。

至平原津，秦始皇已经一病不起。连续奔波八九个月，行程数千里，从体质上彻底耗尽了这位可怜人的精力。群臣不敢言病，不敢建议御医就诊，因怕拂逆龙鳞，遭遇不测横祸。结果，秦始皇终于病入膏肓。车队行至沙丘，秦始皇因病情恶化再也无法前行。

沙丘临时行宫，就成为了秦始皇人生中的最后驿站。

仲夏之夜。

沙丘行宫。

宫外，夏虫啾啾，蛙声阵阵。

宫内，秦始皇愁肠百结，满面病容，心如火烧。

望着黑漆漆的窗外夜色，此刻他的心中被孤独完全包围。

虽然，宫内宫外，到处充斥着他的陪臣、侍卫、侍者与美姬。但是，对他而言，他们皆不过都是一些活着的工具。

在秦始皇看来，他可以随意处死他们，随意按自己的意愿使唤他们，想杀就杀，想打就打，想骂就骂，招之即来，挥之即去，一点也不好玩。

秦始皇也清楚，这些人虽然对他时时口喊万岁，处处毕恭毕敬，但实际上，却时刻提防着他，惧怕着他。同时，又像苍蝇一样，时刻想依附在他的身上，企望着高官厚禄、荣华富贵、玉食美妾。他与他们之间没有共同的语言，也不可能倾吐心扉。

孤独的同时，他也同时被无形的恐惧所骚扰着。

他害怕死亡，害怕大臣们分享他的权势，害怕有人觊觎他的皇位，害怕失去他拥有的一切豪华宫殿、娇姬美妾。总之，他害怕失去到手的一切。

此时，脑出血已经严重地影响了他的思维和活动的能力。

在暗弱摇曳的烛光下，侍候在他身边的宦官，隐约间，个个都变成了青面獠牙的恶鬼，又似一尊尊一动不动的恶神。他想抽剑斩杀他们，但却没有丝毫的力气，他想叫喊侍卫，但就是喊不出声来。

一阵昏迷，一阵清醒。

秦始皇终于认识到，他就要走到人生的终点了。

生于赵地，死于赵地，也许这就是他的宿命。

此刻，他已不再希求长生，只是想到了他的帝国与他应当马上必须做的事情。

他用尽最后一点力气，命令赵高起草诏书。

诏书是写给他的长子扶苏的。

他要他这个儿子：以兵属蒙恬，与丧会咸阳而葬。

在一个露浓花重的夏日早晨，在一个旭日还没有从地平线上升起的黎明时分，秦始皇终于走到了他的生命尽头。

他不甘心就这样地死去，他还有许多事情没有做完。

他是带着遗憾离开这个人世的。因为，他还想在临终前见上扶苏一面，他还有许多重要事情要给他嘱咐、给他交代。

他死在了赵武灵王晚年被囚困死的地方。他与赵武灵王都是刚强一生，死时却又都是那样的相似：软弱与无力。

他死了，眼睛却还睁着。或许，他已经料到了他死后帝国可能出现的急风暴雨，但是，他已经没有能力再去干预了。生前那种一言九鼎的绝对权力，随着他的死亡也同时化为乌有。

他没有想到，他刚刚龙驭上宾，赵高就扣留了他临终诏书，拿走了他的视作皇权的太阿宝剑与皇帝玉玺。

他没有想到，他的尸骨未寒，野心家赵高、投机大臣李斯与他的宝贝儿子胡亥，就在他的尸体旁边撕毁了他的诏书，伪造了矫诏，发动了置帝国于死地的夺嫡之变。

他没有想到，他刚刚离开人世，他的嫡子扶苏与皇朝柱石蒙恬、蒙毅便被相继杀害。

他没有想到，胡亥继位后就杀掉了他所有的兄弟姐妹，将秦宗室投入了血雨腥风之中。

他没有想到，他这个昏庸的儿子胡亥，几乎杀掉了他在世时好不容易建立起来的臣僚班底，自毁长城，自掘坟墓。

他没有想到，他死后仅仅一年，就发生了黔首陈胜、吴广的大泽乡起义，点燃了毁灭这个来之不易的大秦帝国的熊熊烈火。

他没有想到，在他死后才刚刚三年，刘邦就带兵灭亡了他的帝国，西楚霸王项羽断了他的血食。

但是，他创立的皇帝制度、郡县制度、中央集权制度却被后代封建统治者继承并且发扬光大下来。

一千多年后，在大唐盛世时代，诗仙李白对秦始皇曾经这样描过：

秦王扫六合，虎视何雄哉！挥剑决浮云，诸侯尽西来。
明断自天启，大略驾群才。收兵铸金人，函谷正东开。
铭功会稽岭，骋望琅琊台。刑徒七十万，起土骊山隈。
尚采不死药，茫然使心哀。连弩射海鱼，长鲸正崔嵬。
额鼻象五岳，扬波喷云雷。鬐鬣蔽青天，何由睹蓬莱？
徐市载秦女，楼船几时回？但见三泉下，金棺葬寒灰。

第八章
糊涂二世的黄粱梦

其实，胡亥也认识到了自己的能力不足以担当大秦帝国皇位的重任，弄不好的话，不仅会让自己身处危险之地，甚至也会给帝国政权带来灭顶之灾。但是面对巨大的权力与利益的诱惑，他接受了老师赵高的叛父、杀兄、篡诏、夺位、诛功臣的一整套计划。然而，胡亥却把夺来的皇权事无巨细地托付于赵高。他坚信，通过赵高，便可以实现他长治久安的美梦，结果是一枕黄粱。

一、一个不祥的谶言

秦始皇三十二年，面对帝国内外层层重生、层出不穷的棘手问题，这位帝国掌舵人逐渐变得暴躁起来。他不但对帝国的现状渐渐丧失了耐心，而且对他日益不佳的身体状况也开始表现了出不安的情绪。

面对不断遭到刺杀的状况，一向缺乏安全感的秦始皇雪上加霜。从此，他舍弃了他早年英武过人的英姿和理性的思考模式，开始求助并沉溺于神秘主义的保护。

在秦始皇的晚年生活中，追求长生不死，妄图得道成仙，几乎成为了他日常生活的一个重要组成部分，并因此进而深刻地影响到了大秦帝国的统治政策。

从历史上看，在周民族生活的陕原以西，很早就流行着肉体不死、灵肉并生的神仙思想，这对于长期生活在其附近的秦人，不可能不产生一定的影响。

时间前进到战国时期，神仙学说在各国诸侯中已经颇具一定的市场。

南华真人庄周在他的《庄子·逍遥游》中就曾经这样对仙人做过详尽的刻画：

藐姑射之山，有神人居焉。肌肤若冰雪，淖约若处子；不食五谷，吸风饮露；乘云气，御飞龙，而游乎四海之外。

到战国后期，经过燕齐方士们的不断改造，人们心目中的神仙更是栩栩如生：

仙人长生不死，永远年轻貌美；

仙人不仅居住仙界，而且常常来往人间；

仙人有超常能力，可以随心所欲地实现自己的梦想；

仙人生活优美，洞天福地，仙山琼阁，优哉游哉；

仙人掌握着人间凡人的命运，可以随意地对他们进行发号施令……

燕国、齐国一带的方士，根据人们每年见到的海市蜃楼的景象，充分发挥他们无限的想象力，更是把本来在人们心目中就已经颇具市场的神仙学说鼓吹得神乎其神。

他们说，海外有仙山，仙山中居住着众多的仙人。

他们说，海外有蓬莱、方丈、瀛洲三座神山，那里有用黄金、白银砌成的美丽堂皇的宫殿，那里有数不尽的奇珍异兽。

他们说，三座神山中有无尽的仙根灵药，只要得到一株，就足可使人长寿成仙。

秦始皇由一介诸侯王脱颖而出，挥剑扫六国，驾车踏寰宇，一统天下，做上超过三皇五帝的人间帝王，真可谓“意得欲从”，人力所能做到的好事他都做成了，人世间人们向往的荣华富贵他都拥有了，他可以挟帝王之威以自恣，据天下之富为己有，夺天下之福为独享。但是，他却仍然是肉身凡体，仍然要吃五谷杂粮，仍然免不了生老病死。巨大的贪欲淹灭了秦始皇的理智，为了弥补志欲无穷而生命有限的缺憾，晚年的秦始皇开始了寻找神仙以求不死之药的征程。

（一）为寻找仙人，求得长生不死的仙药，秦始皇不顾身体虚弱，马不停蹄、大张旗鼓地巡游全国，以至最后客死在觅仙求药的途中。

（二）秦始皇不断派出方士求仙觅药，同时又大兴土木修阿房宫、骊山陵，每年耗费掉国家巨大的财力。劳民伤财，药终不可得，仙中不可成，秦王朝的财政却因此而雪上加霜。

（三）为了报复方士们的欺骗与谩骂，秦始皇盛怒之下下令焚书坑儒。焚书坑儒的结果，一方面让秦朝官员惴惴不安，为了保全性命不敢再犯颜直谏，使得秦始皇获得外界正常信息的渠道更加闭塞；另一方面，又使得广大知识分子纷纷加入到反秦的队伍中，这是秦王朝统治迅速土崩瓦解的一个重要因素。

（四）秦始皇迷信神仙的结果，对他的继承人秦二世也产生了十分重大的影响。秦二世上台后不重百官万民，却信神仙保佑，倒行逆施的结果，惹得天怒人怨，这也是导致秦王朝灭亡的一个不可忽视的因素。

（五）最重要的是，一心迷信神仙的秦始皇，因为方士们为欺骗他而借神仙之名炮制的一句“亡秦者胡也”的谶语，就不顾天下刚刚统一，国家、民众需要休养生息的现状，派蒙恬发兵30万北击匈奴，修筑万里长城。

公元前215年，燕人卢生骗取大量钱财却没有寻到仙药，为了继续骗得秦始皇的信任，卢生揣摩秦始皇的心理，“以鬼神事，因奏录图书，曰‘亡秦者胡也。’”（《史记·秦始皇本纪》）当时人称匈奴为“胡”，秦始皇认为神仙的谶语是在预言匈奴人将可能灭掉秦王朝。于是，秦始皇在条件并不成熟的情况下，倾尽国力贸然发动了对匈奴的战争，结果导致了“男子疾耕不足以粮饷，女子纺绩不足以帷幕。百姓靡弊，孤寡老弱不能相养，道路死者相望，盖天下始畔秦也”的局面。（《史记·平津侯主父列传》）

做梦也想不到，这个谶语，不幸竟然落在了他最宠爱的小儿子胡亥身上。

据说，等到秦二世胡亥暴政亡秦之后，汉帝国人们才恍然大悟，“嬴

擿谶而戒胡兮，备诸外而发内。”（《后汉书·张衡列传》）

二、接班人的困扰

秦始皇一生姬妾无数，驾崩时也不过刚刚50岁出头，正是人生的壮年时期，按道理，他应该生有很多的子女，但是，从今天我们能够看到的史料推算，他只有30多位儿女。在这些儿女中，秦始皇关注最多的也只有两位公子：长子扶苏与小儿子胡亥。

从有限的史料来看，扶苏与胡亥的特点差异很大。

《史记·秦始皇本纪》中说：公子扶苏，始皇长子也。按照中国的传统思路，长子一般最有希望能成为帝国的未来接班人。

在《史记·李斯列传》中，司马迁借始皇帝侍从首领赵高之口，认为扶苏“刚毅而武勇，信人而奋士。”

同样，司马迁又在《史记·陈涉世家》一文中，借普通百姓陈胜之口，将扶苏定格为：“百姓闻之贤。”

看来，太史公并不是漫不经心之笔，他没有专门为扶苏作传，而是借国中朝野上下悠悠之口将公子扶苏的形象栩栩如生地刻画了出来。

一位是宫廷的领班宦官、整日服侍在皇帝身边左右，皇室与朝中大大小小的事情自然逃不过他的眼睛。应该说，赵高对扶苏的看法，能够代表宗室朝臣们的普遍意见，是帝国上层政治集团内部形成的一种具有代表性的舆论。

一位是民间的“黔首”，也就是社会最下层的一位普通百姓。这来自陈胜揭竿前的说法，也很能够代表广大的民间百姓对扶苏的共同看法。

既然统治集团上层普遍认为扶苏有“刚毅”之性，“武勇”之能，又会识人、用人，这当然是帝国未来一位不错的、合适的继任者啦！

还不仅仅如此，扶苏还很得民众的认可与赞赏。来自民间的声音同样重要与富有权威性。陈涉起义时甚至要借扶苏之名来号召天下的百姓，看来，扶苏的“贤”名早已是四处远近传播，得到了秦朝百姓们的认可与支持。

我们再回过头来看胡亥。

胡亥是秦始皇的小儿子。《史记》与其他的有关秦史的资料，对他的早年记载同样不多。

在《史记·李斯列传》中，记录着赵高对胡亥这样的评价：

慈仁笃厚，轻财重士，辨于心而拙于口。尽礼敬士。

赵高曾经深得秦始皇的信任，其学问与办事能力也得到过秦始皇的首肯。他特地委派赵高教育他钟爱的小儿子胡亥，可见赵高在宫室中的地位肯定很不一般。按道理说，以师傅长期之观察，评价自然具有很高的可信成分。不过，据胡亥后来的表现来看，除了“口拙”尚能说得过去外，赵高对胡亥的其他评价都很难与他后来的作为联系起来。

对于公子扶苏，始皇帝显然是十分赏识的。

这位秦帝国的长公子，在少年时肯定是学习了儒法两家的大量知识。始皇帝虽然偏爱法家学说，但在灭亡六国前，秦国除了崇尚法家学说外，对诸子百家之学实际上并未完全禁绝。因此，扶苏除系统地学习与研究法家学说外，对儒家的学说同样也富有兴趣。

也许是学问上的原因，也许是性格上的因素，扶苏在治国方略上却与其父有着很大的不同，他不像其父始皇帝专断严酷，而是主张儒法并存，以仁德治国。

当年，秦始皇焚书坑儒，扶苏尽可装聋作哑、不管不问，但责任心与勇武的天性，使他敢于挺身而出，成为天下唯一一个敢于直谏那位已经变得不可理喻的皇帝的人。

扶苏的大胆表现令刚愎自用的始皇帝大为恼火。不久，始皇帝就把扶苏赶出咸阳，让他“北监蒙恬于上郡”。

扶苏被赶出都城，让朝臣们对始皇帝的未来安排形成了两派意见：一派认为，始皇帝派扶苏北监蒙恬大军，正是皇帝要借机磨炼他的长子，让扶苏有更多阅历，更多的资本去为未来主持帝国的工作，奠定一个基础。另一派意见则认为，扶苏出都，显然是始皇帝在立嗣问题上有了一个重大的改变。扶苏出京，表明始皇帝并不希望把权位传给一个与自己的治国之道并不相同的人。由于皇帝的高深莫测与喜怒无常，朝臣们对帝国未来接班人的看法，由普遍看好扶苏从此转变成消极待观。这种情况，对于帝国的未来前途，显然不是一个好的兆头。

如果说，对于扶苏，始皇帝表现出的更多的是“严父”一面的话，那么，对于小儿子胡亥，则表现出了与普通父亲疼爱幼子的一般无二的心理。也许是因为胡亥年龄最小的缘故，始皇帝于诸子之中对他最为宠爱。这种宠爱，到了有点不讲原则的地步。

1. 亲自给胡亥指定了授业老师。

在《史记》中，关于扶苏与秦始皇的其他公子，没有专门记载始皇帝为他们指定授业老师。唯有胡亥，司马迁在《史记·蒙恬列传》中多下一笔：“秦王闻高强力，通于狱法，举以为中车府令。高即私事公子胡亥，喻之决狱。”另外，在《史记·秦始皇本纪》中司马迁又说：“赵高故尝教胡亥书及狱律令法事，胡亥私幸之。”翻阅其他有关秦朝的史料，除了抄袭司马迁的观点外，目前为止，本人并没有发现有关始皇帝为其他子女专门指定授业老师的记载。由此推断，掌管汉室图书史籍的司马迁，在胡亥受教育上的这一笔，点得意义非凡。从这里传达出了一个信息：帝国最高执掌人对于小儿子的特殊关怀与期盼，很可能表明，扶苏并不是始皇帝唯一选定的接班人选，至少在秦始皇的心中，公子胡亥也是在备选之内的。

2. 据《旧唐书·元稹传》中记载："胡亥之生也，《诗》《书》不得闻，圣贤不得近。"如果这则史料表述的观点可信的话，它足以说明：秦始皇对这位少年公子是倾注了很大心血的。他独钟于法家学说，就特意让法律知识渊博的赵高去为胡亥授业。为了保证这位少公子将来的思想与治国理念与他相同，始皇帝就不让他接触儒家的学说。由此印证，秦始皇对于长子扶苏尊重儒家学说是持否定态度的，这也可能促使这位专制君主有意加强对胡亥教育上的管理，这是除了法家学说，其他学说都不让胡亥接触的一个重要因素。

3. 因为对于扶苏所受教育的不满意，始皇帝甚至不让胡亥去接近别人，除了赵高与法家学说外，胡亥常日里是"圣贤不得近"。在没有比较、没有选择的环境下，胡亥的思想意识中只能是严酷刑罚、残忍暴虐的教育与熏陶。他所尊敬与信赖的人，除了赵高，也就还只有赵高一人罢了。这就在一定程度上影响了胡亥甚至大秦帝国的未来和命运。

4. 始皇帝对胡亥特殊喜欢最明显的一点，就是在他外出巡游时，在众多子女中，唯独带上了胡亥。

这可不是一个小事情。

在朝臣们看来，这也许就是一个丰富而深刻的政治信息。因为，揣摩皇帝的政治意图直接决定着他们的宦海沉浮与荣华富贵的得失。

要知道，在专制的年代，皇帝的一言一行，往往直接影响着朝臣们的思想与决策。胡亥有此专宠，这也是赵高能够在后来发动沙丘之变，矫诏拥立胡亥，朝中内外并没有出现反对声音的一个重要原因。

三、夺嫡之变

虽然秦始皇将少子胡亥列进他的备储之一，但这并不等于胡亥在秦始皇百年后就能顺利地登上大秦帝国的宝座。

摆在胡亥面前的，有两大拦路虎：一是长公子扶苏深孚众望，成为继承人的希望最大；二是胡亥虽然得到父皇的特别宠爱，但一则年龄太小，二则在朝中上下除了赵高支持外并没有其他奥援可言。

不过，世事无常，幼稚的胡亥只知嬉戏寻乐，对能否真正登上九五之尊似乎也并不在意，要不是一系列偶然因素的作用，他似乎很可能永远与大秦帝国的皇位失去缘分。

班固在《汉书·叔孙通传》中说："秦以不早定扶苏，胡亥诈立，自使灭祀。"

公元前 210 年，秦始皇病死在巡游的途中，使得大秦帝国的最高权力交接更加凶险。

首先，始皇帝长期沉迷于长生不死的幻想之中，忌讳谈论死亡之事，根本就没有明确在朝臣上下确定继承人选，这就为阴谋篡位者留下了可钻的空子。

其次，始皇帝突然死在外地，身边只有丞相李斯和几个亲信随从，大多数朝臣或在都城，或在边疆，这就让废立大权实际操纵在少数几个随从官员手中。这样，权力能否平稳过渡在很大的程度上就取决于李斯、赵高等随从官员是否忠诚、是否恪守臣节上面。

第三，长公子扶苏在北疆，小儿子胡亥却因缘留在了始皇帝的身边。此刻，胡亥的态度与行为，就具有了举足轻重之作用。他如坚决拒绝篡诏夺位，其他阴谋家也将无所逞其技。

第四，人品极坏、有才无德的赵高，恰恰不仅是随从，而且掌握着草拟、发送皇帝诏书的最高权力，这就使他有了上下其手的机会。

其实，胡亥虽然昏庸而凶残，但他并不糊涂。司马迁在《史记·李斯列传》中详细记载了这样一件事：

（始皇崩），赵高因留所赐扶苏玺书，而谓公子胡亥曰："上崩，无诏封王诸子而独赐长子书。长子至，即立为皇帝，而子无尺寸之地，为之奈何？"胡亥曰："固也，吾闻之，明君知臣，明父知子。父捐命，不封诸子，何可言者。"赵高曰："不然，方今天下无权，存亡在子与高及丞相耳，愿子图之。且臣人与见臣于人，制人与见制于人，岂可同日哉！"胡亥曰："废兄而立弟，是不义也；不奉父诏而畏死，是不孝也；能薄而材谫，强因人之功，是不能也。三者逆德，天下不服，身殆倾危，社稷不血食。"

一个能说出"明君知臣，明父知子""废兄而立弟，是不义也；不奉父诏而畏死，是不孝也；能薄而材谫，强因人之功，是不能也。三者逆德，天下不服，身殆倾危，社稷不血食"的人，怎么能说他糊涂呢？

其实，胡亥分析得十分在理，他也正确认识到了自己的能力不足以担当大秦帝国皇位的重任，弄不好的话，不仅会让自己身处危险之地，甚至会给帝国政权也带来灭顶之灾。但是面对巨大的权力与利益的诱惑，他接受了老师赵高的叛父、杀兄、篡诏、夺位的一整套计划，并与赵高、李斯一起将理智湮灭，将凶性发挥，终于发动了大秦帝国历史上的夺嫡之变，扶苏被逼自杀，胡亥继承大位。

沙丘之变是大秦帝国历史上的一个转折点。

从此，秦帝国在三魔头的手中迅速走向覆灭！

这是胡亥、李斯、赵高三人命运的一个转折点。表面上看，他们达到了各自的目的，荣宠在握。其实，凭治国的能力，他们应付不了复杂万变的现实情况。在帝国的风尖浪口，无能者的死期已不遥远。果然，不出三年，他们便真的都“身殆倾危”，在钩心斗角的权力斗争中一个个先后走向了灭亡。

四、皇权的异化

胡亥是在赵高的怂恿与支持下，登上大秦帝国的权力宝座的。因此，他更加崇拜和信任他的这位老师，事无巨细全部授权于赵高。胡亥认为，通过赵高，便可以实现他的长治久安的美梦。

当初，赵高在沙丘所以要趁秦始皇猝死之机发动政变，其目的不过是想保住自己多年来努力得来的荣华富贵。在他看来，如果让长公子扶苏继承了大统，他就一定会被权力边缘化。不仅如此，扶苏的即位，也标志着他的宿敌蒙恬、蒙毅的得势，这是让赵高胆战心惊的事情。为了保住自己来之不易的权力与富贵，他也必须让他的学生胡亥登上大宝。后人流传的他一开始就立下了亡秦之志，是长期潜伏在秦皇旁边的一条毒蛇的说法则是小说家言，不足为信的。

关于赵高的早年，史料中的记载不是很多。

据司马迁在《史记·蒙恬列传》中记载：

赵高者，诸赵疏远属也。赵高昆弟数人，皆生隐宫，其母被刑僇，世世卑贱。秦王闻高强力，通于狱法，举以为中车府令。高即私事公子胡亥，喻之决狱。高有大罪，秦王令蒙毅法治之。毅不敢阿法，当高罪死，除其宦籍。帝以高之敦于事也，赦之，复其官爵。

这则史料告诉了我们如下信息：

1. 赵高是赵国人，与赵国王族同宗。

2. 其父犯宫刑，其母被官收为奴婢。

3. 行事强力，娴熟法律文书。

4. 秦始皇很欣赏他，任命他为中车府令，还让他担任了公子胡亥的授业老师。

5. 赵高曾犯重罪，秦始皇令蒙毅依法处置，蒙毅根据法律规定，判处赵高死刑，“除其宦籍”。秦始皇爱才心切，又赦免了赵高，让他官复原职。

由此看来，赵高绝不仅仅是一个简单的宦官。从他能得到“千古一帝”的赏识与重用这件事就足可说明，他的做事能力、学问之事方面，应当够得上一流水准的。

但是，赵高为人有才而无德，为了达到目的可以不择手段。这类人的眼中，往往只有自己的欲望得失，荣华富贵，至于国家利益、主人安危，他是不会去考虑在怀的。从历代的政治斗争看，这类人代不乏人，而且数量众多。在正常情况下，他们大多以驯服的臣民的身份存在，认真履行臣民义务，有的甚至属于投机钻营、歌功颂德、阿谀奉承之辈。若无机缘，他们很可能终生就只是一个寻常的臣民，但如果一有机会，他们便会为强烈的政治野心所驱动，胆大妄为，无所顾忌，做出不利于君主与国家政权利益的祸事来。这类人，往往就生活在君主的身旁，接近最高政治斗争的中心，往往是君王平日里瞧不起而一旦离开便又会“食无味、寝不安”的小人。历史经验证明，这类人往往最难防范。

公元前 210 年十月戊寅，胡亥登基，成为大秦帝国的二世皇帝。

秦二世一即位，马上就任命赵高为郎中令。不久，又升他为中丞相。对于赵高，胡亥言听计从。

胡亥与赵高，这一对君臣师徒，从现在开始，一个要极力设法保住篡夺来的显位，一个在想方设法攫取更大更多的权力。他们都无心高瞻远瞩地来谋划帝国的未来，却紧紧地狼狈为奸，把全部精力都用在了除去政敌、消耗帝国能量的一系列不正当的勾当之上。在这师徒二人的导演下，大秦帝国终于不可避免地走向了灭亡。

前面说过，胡亥是用不正当手段夺得皇位的。与一切用不正当手段夺取皇位的君主一样，上台以后，他必然要极力证明自己权力的合法性和自己无上的权威。

即位伊始，秦二世与赵高一起，便以极不自信的心态，认为其他公子以及朝臣已经洞彻了他们在沙丘所做的一切黑暗的勾当，因此决定利用皇权将这些人全部除掉。

赵高告诉秦二世，“夫沙丘之谋，诸公子及大臣皆疑焉，而诸公子尽帝兄，大臣又先帝之所置也。今陛下初立，此其属意怏怏皆不服，恐为变。”

赵高还告诉秦二世：一朝天子一代臣，只有将不放心的人诛杀干净，才能保证自己的皇位永远坐稳。

他给二世的办法是：

严法而刻刑，令有罪者相坐诛，至收族，灭大臣而远骨肉，贫者富之，贱者贵之。盖除去先帝之故臣，更置陛下之所亲信者近之。此则阴德归陛下，害除而奸谋塞，群臣莫不被润泽，蒙厚德，陛下则高枕肆志宠乐矣。(《史记·李斯列传》)

心虚智短的秦二世，竟然全部批准了赵高这些近似荒唐的建议。

一场动摇大秦帝国国本的行动开始了。

首先，屠戮兄弟姐妹。秦始皇的 30 多个儿女，除了公子扶苏是先被逼已经自杀外，其他数十名公子、公主全部被杀净尽。

其次，大规模地除掉朝中的异己力量。秦始皇赖以实行政治统治的骨干力量几乎全部被清除出了政权机构。

第三，更大规模地大兴土木。扩建骊山陵、阿房宫，使得民众负担更加不堪。

第四，进一步强化刑罚的严苛程度。依据秦律，服役者延迟抵达戍地，只受轻微处罚，而秦二世采纳赵高的建议重新规定："失期，法皆斩。"(《史记 · 陈涉世家》)

秦二世一系列倒行逆施的行为，不仅没有达到他从此可以高枕无忧、尽情享乐的目的，相反，却导致了天怒人怨，使他陷到了一个更加危险的境地。最重要的是，郎中令赵高利用秦二世的昏聩，轻而易举地铲除了自己周围的所有政敌，彻底架空了秦二世，他实际上成了咸阳宫的真正主人。秦帝国的皇权至此出现了本质性的异化。

伯特兰 · 罗素（Bertrand Russell）在他的《权力论》一书中说过："人对经济的需求是有限度的，是可以得到满足的。然而人对权力的追求则是无限度的，永远不会满足的。正是这种人对权力的无止境的追求，造成了难以数计的多种社会弊端。"赵高专政、皇权异化的结果，便是赵高不再满足于他的中丞相之位，他的政治野心更加膨胀起来。下一步，到了他不再需要秦二世这块招牌的时候，便是他们师徒二人彻底分道扬镳、你死我活的时候了。

五、连环套

赵高架空秦二世的手法，只有两条：

1. 针对胡亥独行恣睢的特点，劝说他禁绝一切规劝，讳过拒谏。

赵高教导秦二世："明君独断，故权不在臣。"只有不准"俭节仁义之人立于朝"，"谏说论理之臣间于侧"，"烈士死节之行显于世"，皇上才能"荦然独行恣睢之心而莫之敢逆"。秦二世接受了赵高的建言，从此拒绝大臣的一切忠告，甚至臣下报告国家的真实情况也会招致杀身之祸。

2. 针对胡亥没有从政经验、极不自信的特点，赵高劝胡亥"深拱禁中"，"但以闻声，群臣莫得见其面"。

赵高的理由是：皇帝年纪轻轻，"未必尽通诸事"，如果和大臣一起议论朝政，就难免会讲出一些不正确的话，做出一些不合理的决策，这样，就会遭到群臣的轻慢，皇上就会无法"示神明于天下"。赵高建议秦二世自闭深宫，把各种政务交给他去直接与朝臣们商议办理，"如此则大臣不敢奏疑事，天下称圣主矣"。昏聩的二世竟然听信赵高的这一套，从此，"不坐朝廷见大臣，居禁中"。他将一切政务交给赵高办理的结果，必然会导致帝国最高政权中"事皆决于赵高"的局面。

读到这里，诸君也许会心生疑窦：赵高的这套伎俩并不高明。秦二世为什么就能深陷其中而不能自拔?

这是因为，大秦帝国刚刚建立之时，胡亥已经10岁，到了受教育的年龄。这时秦帝国虽然崇尚法家学说，但对诸子百家之学并未完全禁绝。胡亥还有接触法家以外学说的可能。但不幸的是，秦始皇选中了赵高去做胡亥的授业老师。赵高出身卑微，从小就身受宫刑，身心备受摧残，这使他很早就变得心理阴暗，性格残忍，对社会、对现实充满了仇视与报复的情绪。近朱者赤，近墨者黑。胡亥多年与赵高这样一个人生活、学习在一起，其性格特征不免也就深深地打上了赵高阴暗一面的烙印。

正是有鉴于此，西汉的贾谊才说："使赵高傅胡亥而教之狱，所习者非斩劓人，则夷人之三族也。故胡亥今日即位而明日射人，忠谏者谓之

诽谤，深计者谓之妖言，其视杀人若艾草菅然。岂为胡亥之性恶哉？彼其所以道之者非其理也。”(《汉书·贾谊传》)

作为历史上著名的政治家，贾谊的分析，可谓一语中的，正是秦二世所受的教育，奠定了他成为昏君虐主的基础。

另一方面，秦二世的悲剧也与秦始皇的潜移默化的影响有着很大的关系。秦始皇宠爱胡亥，在诸公子中，胡亥有可能与始皇帝待在一起的时间更多一点。秦始皇对于法家学说的偏爱，很可能对年幼的胡亥产生了很大的影响。

事情还有另外一种可能。秦始皇雄才大略，有着杰出的政治才能和在朝中拥有绝对的政治权威。与父亲相比，胡亥在秦国无尺寸之功，靠沙丘政变才登上君位，不但缺乏应有的政治权威，而且缺乏应有的政治历练与社会认识，因此，他很可能在内心深处隐藏着十分的自卑，反过来，这种潜意识的自卑又让他在帝国的治理问题上很不自信。这样，他就像抓住一棵救命稻草一样，从心理上更加依赖赵高，相信赵高，放权给赵高，所有这一切，都使得秦二世一方面更加贪乐排忧，一方面让赵高更加得志。秦之所以亡国，从最高统治者层面讲，应当主要归咎于秦二世。

人的欲望是永远没有止境的。

赵高并不满足于专擅朝纲，他还想做皇帝。这个目的，如果说在秦二世刚刚即位时还显得十分遥远的话，但是眼下，赵高已经成了咸阳宫实际上的主人，秦二世不过成为了一位名存实亡的招牌而已，看来这一目标，已经有可能变成现实了。为了达到篡权夺位的目的，在内忧外患的国情面前，赵高加快了行动的步伐。为此，他施展了一套颇为精彩的连环计：

1. 对于代替二世做皇帝，赵高毕竟还有点心虚胆怯，他想先试自己在朝堂上说话的分量。于是，他便想出了一个“指鹿为马”的办法。

《史记·秦始皇本纪》中记载：

八月己亥，赵高欲为乱，恐群臣不听，乃先设验，持鹿献于二世，曰：“马也。”二世笑曰：“丞相误邪？谓鹿为马。”闻左右，左右或默，或言马以阿顺赵高，或言鹿。高因阴中诸言鹿者以法。

通过这种办法，赵高明确知道，朝臣对他有三种不同的态度。

第一种人，是当着皇帝的面支持赵高，把鹿也说成是马的人。这种人是自己夺取皇位的支持力量，应当放手加以提拔，加大利用力度。

第二种人，是在朝堂上沉默不语的人。他们虽然不肯屈从，但也不敢当场揭穿赵高的把戏。这种人是中间力量，人数众多，应当加大拉拢与利诱的力度。如果时机成熟，赵高相信，自己荣登大宝，这帮人也是不敢公开反对的。

第三种人，则是明显站在秦二世的立场上不把赵高放在眼中的人。他们敢当着朝廷、众臣的面拂逆赵高的意愿。这种人肯定是死硬的保皇派，必须除掉才放心。

事实也正是这样，指鹿为马事件后，凡是在朝堂上把鹿说成鹿的人，全部被赵高在暗中找个理由残酷处死。

朝中又少了许多反对的声音，赵高也朝国家神器的方向上又迈进了一步。

2. 利用“指鹿为马”事件的余威，将秦二世骗进上林斋戒。

赵高指鹿为马，秦二世不但不去怀疑赵高此举的意图，反而倒过来怀疑自己的神智是否出了毛病。秦二世见赵高硬是指鹿说马，不由大惊，自以为遇到了怪异。司马迁说：“二世惊，自为惑，乃召太卜，令卦之。”

太卜当然也是赵高一路人，他按着赵高的意思，去进一步搞昏这个糊涂皇帝的心智。太卜占言：皇帝是由于春秋郊祀和宗庙祭祀时“斋戒不明，故至于此”。占卜之后，秦二世竟然也毫不怀疑，马上“入上林斋戒。”赵高此举，意在将二世与朝臣隔离，以便他继续施展他的下一步的阴谋。

3. 设计将二世调离咸阳，然后找机会除掉这个已经没有了用处的招牌。

在上林苑斋戒期间，秦二世噩梦不断，其中一个梦，让他心惊肉跳，整日地陷入恐慌之中。

在梦中，秦二世自己坐在鸾辇中，一路颠簸，不知要去向何方。忽然，道旁丛林中跳出一只十分凶残的老虎，上前一口就将鸾辇左旁的白马活活咬死。秦二世惊中号令侍卫随从杀死猛虎，可是这班人个个也是腿软脚麻，不是逃避，就是畏缩不敢向前……

醒来后，秦二世越想越怕，急召太卜入宫占梦。不用说，这个占卜的老先生又是赵高的人。占梦的结果，太卜说是“泾水为祟”。为什么泾水作怪就会做这样的梦，占梦的人没有说，秦二世似乎也觉得没有必要去问。心智已乱的他，乖乖地按着赵高设计好的圈套，立刻又离开都城咸阳，马不停蹄地到达数十里之外泾水之畔的望夷宫，去祭祀泾水。

秦二世认为，既然梦中是白虎咬了他的左骖，一定是它饿了，这个饿主，很可能就是泾水河神托虎形现身的结果。于是，秦二世便让人杀了好多匹白马，沉于泾水，以供河神享用，希望能借此消灾免祸。

糊涂的秦二世还不知道，他的大祸已经临头了。

赵高看到时机已经成熟，便指令自己的女婿咸阳县令阎乐与自己的弟弟郎中令赵成，诈称宫中有变，拥兵直扑远离朝臣之地的望夷宫。秦二世身边的卫队自然不是这些早有准备之人的对手。很快，阎乐就扑到了秦二世的身边。

史料上这样记载：

当阎乐率领军队直扑秦二世住处之时，秦二世才大惊而起，急呼左右侍卫护驾。但是，这群平日里只会唯唯诺诺的侍卫们，今天真的就如秦二世在上林苑做过的梦状那样，个个抱头鼠窜，只顾自己的性命去了。无奈之下，秦二世只好躲进卧室，环顾左右才发现，身边只有一个平日里木讷畏缩的宦官，他已经成了一个真正的孤家寡人。

二世问："这帮人怎么竟敢如此对待朕呢？"

宦官回答："这也不能全怪他们，皇上也有许多不足之处。"

听了此言，二世自当上皇帝以来第一次没有发火："赵高作乱，难道你们早就知道？"

宦官默然。

秦二世长叹："你为何不早告诉朕呢？如果早告诉给我，事情也不至于会落到这个地步。"

宦官说："正因为臣没有告诉你，所以臣才能苟活到今天。要是臣早多言一句，早就像别人一样被你杀掉了，怎么还能活到今日？"

听到这里，秦二世终于明白：赵高的阴谋所以能够得逞，与他三年来的助纣为虐息息相关。冰冻三尺，非一日之寒。没有他的庇护与听信赵高诛杀大臣的谗言，他自己安能会有今日之祸？不过，晚了，一切都太晚了。常言道："天作孽，犹可违；自作孽，不可活。"自己杀兄害妹，尽诛功臣，信用奸佞，"不是不报，时机未到"。这不，自己的死期不是已经到来了吗？

秦二世终于平静了下来，但他还不想死，也不甘心死。

面对阎乐"足下骄恣，诛杀无道，天下共畔足下，足下其自为计"的大声斥责，秦二世哀求道："我想见上丞相一面，可以吗？"

"不可。"

秦二世恳求：“我愿意退位，得一郡王，行吗？”

“不行。”

秦二世讨价还价：“既不许我做郡王，那做个万户侯总可以了吧？”

“不可。”

事情到了这个地步，秦二世明白赵高是一定置他于死地而后安了。但秦二世仍不死心，他黯然泣下：

“愿足下禀明丞相，放胡亥一条生路，我愿与妻子同为黔首，好吗？”

阎乐不禁感到好笑，昔日那个作威作福不可一世的天子到哪里去了，他不耐烦起来：

“我奉丞相之命，为天下人来诛杀足下，你说那么多又有何用？”

说着，阎乐“麾其兵进”。

在万般无奈之下，秦二世只好在悔肠百转中饮剑自刎。

这个做尽了不该做的坏事的皇帝，在位三载，死时年仅 23 岁。

关于二世的不幸结局，后人曾经有诗一首为证：

一朝阎乐统群凶，
二世朝廷扫地空。
唯有渭水流不尽，
至今犹绕望夷宫。

秦二世死后，赵高“乃悉召诸大臣公子，告以诛二世之状。”“以黔首葬二世杜南宜春苑中。”

具有讽刺意味的是，二世死前的最后一个要求是只想与妻子做个“黔首”，赵高不答应，秦二世想为一介平民不可得，在他死后，这个要求倒是实现了。赵高将他作为普通的“黔首”草草埋葬在了帝国的一个偏僻的皇家花苑中，也算是了了这个短命君王的最后一桩意愿。

百年后，西汉的一位大文学家司马相如路过其处，触景生情曾作赋一首，以哀二世的行失，其赋曰：

登陂阤之长阪兮，坌入曾宫之嵯峨。临曲江之隑州兮，望南山之参差。岩岩深山之谾谾兮，通谷豁兮谽谺。汩淢噏习以永逝兮，注平皋之广衍。观众树之塕薆兮，览竹子之榛榛。东驰土山兮，北揭石濑。弥节容与兮，历吊二世。持身不谨兮，亡国失势。信谗不寤兮，宗庙灭绝。鸣呼哀哉！操行之不得兮，坟墓芜秽而不脩兮，魂无归而不食。敻邈绝而不齐兮，弥久远而愈佅。精罔阆而飞扬兮，拾九天而永逝。鸣呼哀哉！（《史记·司马相如列传》）

六、“社稷不血食”

赵高逼死秦二世后，一个巨大的诱惑开始在他的面前活生生地晃动起来。“帝王将相，宁有种乎？”始皇帝父子能做皇帝，为什么我赵高就不能一试？有道是宁为鸡首不为牛后，有奶便是娘。如果我做了皇帝，谁还敢再去揭我过去出身卑贱的老账？谁还敢在我面前说个不字？

赵高充分估计了他即将要迈出的关键性一步的种种阻力：

第一种，是嬴秦宗室。秦始皇的血胤已经斩尽杀绝，嬴秦宗室的余脉在赵高的残酷打击下也早已日薄西山、气息奄奄。按照秦国长期以来按军功授爵的制度，剩余的几个宗室残孽，也不过是一介平民，他们早已像寒风中的野草，自保尚来不及，何遑有其他的想法？

第二种，是朝中大臣。不能说反对者没有。但对手与敢于公开叫板者早已经借秦二世之手杀得干干净净，剩下的众大臣也早已是自保头颅、噤若寒蝉了，谁还敢去以他全家的性命与荣华富贵来下这个死亡的赌注？

第三种，是关东群盗。虽然项羽已大破秦军的主力，刘邦大军也正在迅速挥师西进，但为什么就不可能去与他以讲和的方式讨价还价？实在皇帝做不成的话，我也可以做一个关中王，还不是一样地荣华富贵？

主意打定，赵高就派出特使去向刘邦求和，约好“分王关中”。

接着，赵高志得意满，“引玺而佩之”，召集众臣，打算由自己表演一场新的“登基大典”。

但是，这一次，赵高看到的却是“百官莫从”的景象，甚至他从众人冷森森的目光中看到了自己血淋淋的结局。

赵高退缩了。

但是，他不会去放弃已经到手的权力，他要再找一个像秦二世那样的木偶，继续在舞台的后面操纵国家的权力大局。

于是，赵高根据群臣们的意见，“乃召始皇弟，授之玺”，妄图继续推行他的宦官专政。

不过，令赵高想不到的是，秦三世子婴，不是秦二世胡亥，他虽然被赵高推荐为王，但明眼人都能看出，赵高的用心无非是让他扮演一个比二世更无用的角色，这是子婴绝对不能同意的事情。

子婴看到二世的下场，深知自己的处境危险，于是他以患病无法去告庙为由，设局等赵高找上门来。

司马迁在《史记·秦始皇本纪》中说：

子婴即位，患之，乃称疾不听事，与宦者韩谈及其子谋杀高。高上谒，请病，因召入，令韩谈刺杀之，夷其三族。

事情的发展果然如子婴所料，这个多年来一贯算计别人的赵高，一不小心，自己终于也坠入了别人设计好的陷阱。

公元前 206 年 8 月，子婴告庙祭祖，登上了风雨飘摇中的秦国大宝。

但是，经过秦二世、赵高三年来的瞎折腾，大秦帝国已经病入膏肓，到了无可救药的地步了。

很快，刘邦大军就兵临城下。无兵可守、无将可用的秦三世子婴在无奈之中，只好“系颈以组，白马素车，奉天子玺符，降轵道旁”，向刘邦投降。

从即位到投降，子婴在秦国的王位上才整整坐了 46 天。

不久，楚霸王项羽又率领 40 万大军进入咸阳，杀掉子婴，一把火焚没了人类历史上的建筑奇迹之——三百里的阿房宫。

据说，这场咸阳的冲天大火，竟然一直烧了三个月之久。